la
Chispa
Interior

Título original: INNER SPARK. How to Feel Light in Demanding Times
Traducido del inglés por Alicia Sánchez Millet
Diseño de portada: Editorial Sirio, S.A.
Maquetación de interior: Toñi F. Castellón

© de la edición original
  Kristin Skotnes Vikjord / Kosmos Publishers, Utrecht / Amberes, 2019

  Publicado por primera vez por Kosmos Uitgevers, Países Bajos, en 2019.
  (Traducción autorizada).

© de la presente edición
  EDITORIAL SIRIO, S.A.
  C/ Rosa de los Vientos, 64
  Pol. Ind. El Viso
  29006-Málaga
  España

www.editorialsirio.com
sirio@editorialsirio.com

I.S.B.N.: 978-84-18531-21-7
Depósito Legal: MA-426-2021

Impreso en Imagraf Impresores, S. A.
c/ Nabucco, 14 D - Pol. Alameda
29006 - Málaga

Impreso en España

Puedes seguirnos en Facebook, Twitter, YouTube e Instagram.

 El papel utilizado para la impresión de este libro está **libre de cloro** elemental (ECF) y su procedencia está certificada por una entidad independiente, no gubernamental, que promueve la sostenibilidad de los bosques.

KRISTIN VIKJORD

la Chispa Interior

*Encontrar la paz
en un mundo estresante*

EDITORIAL
SIRIO

Índice

«En mi búsqueda de todas las cosas, descubrí que no había nada, y pude experimentar la serenidad en las fluctuaciones de la agitación».

A mis abuelas, a mi madre y a mis hermanas. A mis queridos amigos, a los bailarines del alma y a mis maestros. A todas las mujeres que cargan con su pasado y su futuro en sus caderas, en sus brazos, en sus palabras de consuelo y en su experiencia de las dificultades.

A mi padre, por enseñarme que la vida es mucho más que trabajo. A mi esposo, por encender constantemente mi chispa. Por recordarme continuamente la grandeza de todo, más allá de lo imaginable. A mis hijos, por la chispa y vivacidad de sus sonoras y súbitas carcajadas. Por enseñarme la plenitud del corazón y a vivir la vida desde la chispa interior.

Descargo de responsabilidades

Este libro es una invitación a la contemplación y a que el lector pase a la acción. El programa, en sí mismo, está diseñado para servir de soporte e inspiración y para incentivar a la acción. Su finalidad es fomentar la fuerza interior de los lectores, incitarlos a actuar, incrementar su conocimiento y ayudarlos a atar cabos, para que accedan a su propia sabiduría, la utilicen y puedan superar sus conflictos emocionales y su estado de estancamiento. Todas las historias de los pacientes son ficticias, aunque están inspiradas en casos terapéuticos de la vida profesional y personal de la autora. En la sección «Las recetas para el bienestar» (página 239), la autora expone las razones y las contraindicaciones de las prácticas recomendadas, sin embargo, estas no deben considerarse un tratamiento para las enfermedades y los trastornos mentales. Son una vía de esperanza en el viaje personal de las transiciones emocionales. En el transcurso de la lectura, se recomienda al lector que se quede con aquello con lo que sienta afinidad y que deje el resto.

Introducción

M e pusieron el nombre de mi abuela paterna, que se llamaba Kristin. Vivía al pie de unas majestuosas montañas, iluminadas por el sol de la medianoche y rodeadas por el salvaje y helado océano de las islas Lofoten. Soportó muchas dificultades en su infancia y como madre de seis hijos. Además de cuidar de su extensa familia, que incluía a su familia política, también cuidaba de los animales de la granja familiar y del campo, para alimentar a todos. Falleció cerca de donde estoy sentada en estos momentos, en la punta de una colina con vistas a la ciudad, a las montañas y a los fiordos.

El recuerdo que tengo de ella era de una abuela con generosos pechos, que siempre tenía algo de comer preparado cuando la familia la visitaba. Olía a rosas, llevaba las uñas pintadas de esmalte rosa pálido y vestidos de flores y tenía el pelo rizado. Los recuerdos de infancia que me contaba mi padre reflejaban una vida que a él le encantaba, y eso reforzaba el amor que sentía hacia ella. Pero cuando me hice más mayor, empezó a compartir otras historias menos idílicas: de una madre con carácter que, a veces, hablaba con dureza a sus hermanos mayores, o de los bofetones de su mano en las suaves mejillas de sus hijos. Ese era un aspecto de mi abuela que yo desconocía. Curiosamente, escuchar estas historias cuando ya era adulta me ayudó a apreciarla todavía más. La imagen que tenía de ella y que tanto tiempo conservé en mi mente cobró vida cuando fui consciente de sus penurias y de sus esfuerzos para superarlas. Mi abuela de cuento de hadas se hizo real.

Cuando yo tenía veintipocos años me dijo: «Tienes chispa, Kristin. Como una copa de burbujeante champán». Acepté sus dulces palabras como un cumplido, pero, en realidad, no hicieron mella en mí. Diez años después, fui madre. La maternidad no solo trajo consigo los cambios evidentes y esperados: cambios físicos, en mi forma de pasar el tiempo y en lo que me concentraba todos los días. Me encontré, de pronto, sumida en una ola de autoindagación existencial. La matrescencia,* el proceso de convertirme en madre, inesperadamente, se convirtió en un punto de inflexión en mi vida, a unos niveles para cuya profundidad no estaba preparada: jamás hubiera imaginado que la respuesta biológica tendría semejante impacto. Asumir el papel de madre y progenitora significaba que tenía las emociones a flor de piel la mayor parte del tiempo, y parecía como si estuviera siempre alerta. Después de la llegada de nuestro segundo hijo, el desgaste diario de la maternidad, que, por aquel entonces, ya se acercaba al cuarto año de mal dormir ininterrumpido, me empezaba

---

* Término acuñado por la antropóloga Dana Raphael, que se refiere a la etapa de transición que viven las mujeres de no tener hijos a ser madres (Nota de la T.).

a pasar factura. Me di cuenta de que me sentía una persona esencialmente distinta. Recordé las dulces palabras de mi abuela, pero, esta vez, tuvieron un profundo efecto. Observé que mi chispa interior se había extinguido. Reconocí que estuvo presente una vez, pero, ahora, había desaparecido. Quizás sepas a qué me refiero, tal vez tiempo atrás eras más feliz y te sentías más viva, más radiante y llena de energía. Y en estos momentos, ese sentimiento no es más que un recuerdo lejano.

Estaba en pleno proceso de matrescencia, pero era consciente de que me quedaban muchas dificultades por superar. Sabía que la vida no iba a detenerse para complacerme. Si quería reclamar mi chispa interior, tenía que pasar a la acción. Y lo hice. Empecé a escribir apasionadamente. Las palabras fluían de mí, a través de historias y fragmentos. El anhelo de creatividad, de espontaneidad y de pasármelo bien me pilló por sorpresa, y proseguí. Por el camino, descubrí mi chispa interior y volví a conectar con mi sentido de identidad. Encontré la manera de afrontar el esfuerzo que implica la matrescencia, en vez de resistirme a ello.

Este libro trata de *cómo ser capaces de superar nuestra lucha emocional*, mientras atravesamos cualquier etapa difícil de transición, como la maternidad. En primer lugar, déjame decirte que todos tenemos esa chispa interior. Más adelante, te explicaré qué es, pero, por el momento, créete esto: la chispa interior es innata. Es el efecto de estar vivos. Pero es fácil perderla de vista.

No podemos prosperar cuando experimentamos malestar o inquietud. No mejoramos cuando estamos estresados. En los últimos años, se ha generado toda una industria millonaria en torno a la reducción y la gestión del estrés. Es un hecho demostrado que un nivel alto de estrés, a largo plazo, es perjudicial para nuestra salud.

Sin embargo, aunque esto sea cierto, no todo el estrés es tan malo. Prácticamente, todo a lo que estamos expuestos es un factor de estrés y tiene el potencial de activar nuestros sistemas de alarma interiores. Estamos receptivos al estrés, porque nuestro cerebro y nuestro sistema nervioso están conectados para alertarnos cuando es necesario. Tener hambre, sed o ansiedad, o sentirnos solos, son manifestaciones de este sistema de alarma, y son señales saludables para que pasemos a la acción y garanticemos nuestra supervivencia. Estas señales nos indican que busquemos comida, agua y un lugar seguro, y que estemos cerca de nuestra tribu.

Casi todo el mundo, incluida yo, prefiere no tener que esforzarse. Queremos lo fácil, la felicidad, que haga más sol, menos sol, jugar más, ser más diligentes, pero no demasiado serios; queremos lograr nuestras metas, no tener estrés, ganar más dinero, no padecer ansiedad ni depresión, tener un buen tono muscular pero sin excedernos, comer de forma saludable, beber menos alcohol, vivir como si la vida fuera una fiesta, tener una relación, conservar nuestro espacio sagrado, ser esto pero no aquello, etcétera. Bienvenido a la demencial danza de la aversión y el deseo. Los seres humanos estamos hechos de manera tal que siempre tendemos a alejarnos del esfuerzo y de lo difícil. Queremos que las cosas sean diferentes, en general, más fáciles. Este deseo es lo que nos mueve, como un motor.

Entonces, podríamos preguntarnos ¿por qué no estamos cambiando nuestra vida constantemente, si el cambio es lo que siempre deseamos y nuestra naturaleza es responder al estrés y pasar a la acción? Como psicóloga, he conocido a muchas personas, hombres y mujeres, que se aferran desesperadamente a las dificultades y a las luchas de las que desean liberarse. Se aferran como si los conflictos fueran un flotador. Naturalmente, este aferramiento hace que aumenten sus conductas controladoras, y al final, puede que fracasen de manera estrepitosa, mientras intentan controlar la situación y su propio malestar. Así, su crítico interior sube el volumen de sus quejas. Se juzgan a sí mismas, juzgan sus pensamientos, sentimientos, a los demás, o se comparan con desconocidos, en su intento de organizar su propio caos, que no hace más que ir en aumento. Desean cambiar con más intensidad y se esfuerzan aún más si cabe.

El viaje por los momentos difíciles nos llevará a cada uno por derroteros muy distintos, dependiendo de las circunstancias en las que nos hayamos criado, de la calidad de las relaciones que fueron nuestros modelos y de nuestra herencia genética personal. Muchos son los factores que determinarán el grado de compasión hacia nosotros mismos con el que seremos capaces de afrontar los desafíos.

No obstante, lo cierto es que, por mucho que queramos cambiar, la mayoría nos aferramos a nuestra situación. Queremos que la vida sea una fiesta, pero somos incapaces de soltar lo que nos tiene atrapados, aunque nos cause sufrimiento y negatividad. Esto se debe, en gran medida, a que prosperamos bajo condiciones predecibles, aunque no sean saludables. Nos aferramos a lo que puede que ya no nos sirva, porque lo conocido es predecible y representa la seguridad. Ni cambiamos nuestra manera de pensar ni nuestra conducta; por consiguiente, tampoco lo hacen nuestras emociones. Aunque queramos cambiar, nos quedamos como estamos. Sencillamente, no sabemos cómo salir de este círculo vicioso. El complejo tema de estar listo para el cambio es algo que exploraremos en profundidad en este libro.

Comprender la predisposición al cambio te ayudará a manifestar el cambio real. La meta por alcanzar es liberarte realmente de lo que ya no te sirve. Te acompañaré en este camino y te indicaré los pasos esenciales que has de dar para superar los conflictos emocionales y conseguir un cambio duradero. Pero antes de que empecemos realmente, voy a compartir lo más importante que has de saber, si verdaderamente pretendes volver a descubrir tu chispa interior: has de adquirir el compromiso de la paciencia. Has de ser paciente contigo mismo, con tu forma de pensar y de sentir, y con el proceso del cambio. Has de estar dispuesto a realizar una autoindagación seria y a pasar a la acción. A tope.

Tengo muchas razones para escribir este libro. En primer lugar, quiero apoyarte en tu lucha y ayudarte a reclamar tu chispa interior. Estoy convencida de que puedes conseguirlo. En segundo lugar, quisiera contribuir al debate global sobre lo que implica vivir una buena vida. Creo que, en la actualidad, nuestra forma de vivir y los contextos sociales de nuestra vida —con todos los retos específicos de nuestro tiempo— nos exigen que actuemos sobre nuestro bienestar emocional, como nunca lo habían hecho las generaciones anteriores. Nos merecemos una vida hermosa. Una vida con serenidad, incluso en los momentos difíciles.

Espero que este libro te sirva para crear tu propio retiro casero, donde puedas dedicar algún tiempo a estar contigo mismo en calidad de mejor amigo. Que suponga un medio para interiorizarte con bondad y paciencia, y para volver a conectar con la esencia de tu verdadero yo, que sea un medio para alejarte de la tiranía de estar siempre ocupado y agitado, y de querer controlar el tiempo. Te guiaré en tu indagación interior mediante prácticas, ejercicios y preguntas para reflexionar. Iremos quitando las desordenadas capas de tus conductas, pensamientos y emociones, y, en tu propia esencia, hallaremos tu chispa interior. Ahí descubrirás que tu propósito, tu esperanza y tu sentido están vivos y gozan de buena salud.

> *La chispa interior es vivir con libertad, o más bien ser libre, es estar exento de pensamientos originados por el miedo, de conductas controladoras, de intentar retener emociones negativas y de tener hábitos nocivos. La chispa interior implica poder acceder al bienestar emocional y cultivarlo. Ese estado donde te dejas espacio a ti mismo, a tu corazón (es decir: emociones), para que luego seas más capaz de dejar espacio a los demás y a sus emociones.*

La estructura de este libro

La chispa interior es un manual para ayudarnos a recordar nuestro sentido lúdico, cuando nos sentimos asfixiados por la sobrecarga de la vida cotidiana y por el mantenimiento diario de nuestro bienestar. Tener que satisfacer todas nuestras necesidades hace que sea fácil caer en una espiral de agotamiento, que nos encontremos atrapados en una oscura red y que tengamos que luchar por liberarnos. Te sientes listo para el cambio, pero no sabes por dónde empezar o cómo dar el próximo paso.

Este libro te ofrece los medios hábiles necesarios para esos momentos en que te sientes desbordado. Te servirá para aclarar cuál es la razón por la que estás aquí y qué es lo que desearías que cambiara. *La chispa interior* te ayudará a revisar tu propio malestar interior, y te dará *incentivos para actuar* y que goces de más paz y alegría. En última instancia, te revelará cómo puedes (re)encontrar tu **chispa interior**.

Este libro se compone de tres partes. La primera es *normalizar*; aquí se contextualiza el tema de nuestra lucha en lo que respecta al estrés, a sentirnos agobiados y a gestionar el malestar emocional. La segunda parte es *aclarar*, que te marcará las directrices para que des los primeros pasos hacia la indagación esclarecedora y seas más consciente, e incluye incentivos para pasar a la acción, a fin de que puedas conseguir un cambio positivo. Aquí te autorizarás a verbalizar qué partes de tu vida desearías que fueran de otro modo. También descubrirás qué es lo que te está frenando para ir en esa dirección. La última parte es la *capacidad de acción*, que nos enseñará a alejarnos de la lucha y a seguir nuestro camino hacia la chispa interior. Cada capítulo termina con una invitación a la práctica, a la reflexión, a la contemplación o a la autoindagación, y a descubrir los condicionantes que controlan tus paisajes interiores. A lo largo de este libro, encontrarás refugio en ti mismo, conectarás con tu chispa interior y aprenderás a encarnar la grandeza.

He escrito *La chispa interior* para todas las personas que están dispuestas a hacer un cambio en su vida. Lo he escrito como madre, pero también como mujer con una carrera, sueños y ambiciones. Es una oda a todos los que anheláis un cambio, y a mis pacientes que han depositado su confianza en mí y que, en cada uno de sus viajes, me han demostrado que tienen verdadero coraje. Les estoy inmensamente agradecida por todo lo que han compartido. Y es una oda a mi abuela, que me enseñó que las dificultades no tienen por qué impedirte ser feliz y tener una buena vida.

Primera parte:
NORMALIZAR

En este momento, ahora

De la oscuridad interior
a la chispa interior

CAPÍTULO 1

La oscuridad interior

La tendencia hacia la oscuridad

Nací bajo la aurora boreal. Bajo las danzarinas luces del invierno. Me crie en la noche polar. En la tierra del sol de medianoche, donde nunca se pone el sol. Un lugar donde el sol y la luna brillan simultáneamente. Donde el silencio es más silencioso que la absoluta quietud de las primeras horas del amanecer. Y el tiempo siempre es presente, como momentos eternos. Horas azules de inmensidad. Estado salvaje. Pureza. Donde el cielo se funde con la tierra con vientos tan salvajes como tus sueños más irracionales.

Mi camino hacia todo esto

Me crie en plena naturaleza y tuve una infancia sin complicaciones y agradable. Me encantaba hacer fogatas y jugar con mis muñecas Barbie, o ver los documentales de David Attenborough sobre la naturaleza o las películas de Disney. Pero lo que más me gustaba era tumbarme sobre la tierra. Me daba igual que fuera sobre la gélida nieve o sobre la hierba estival. Entre los árboles de los bosques o a la orilla del lago, donde pasábamos las vacaciones y los fines de semana. También me encantaba pisar los charcos que se formaban alrededor de nuestra cabaña de madera, en Bodø, donde todavía viven mis padres. Nos subíamos a los árboles y hacíamos sopa de arándanos en la hoguera. Íbamos a pie a las casas, llamábamos a la puerta de nuestros amigos para ver si querían salir a jugar. En invierno, caminábamos hasta el colegio, incluso los días de tormenta, y hacía tanto frío que el viento congelaba nuestras mejillas y no podíamos gesticular. Nos reíamos cuando no podíamos mover la boca por los gélidos vientos. Entonces, nos reíamos aún más por nuestro ridículo aspecto. Mis amigos y amigas y yo nos jurábamos que un día iríamos a vivir a algún lugar donde siempre fuera verano. Y cuando tuvimos suficiente edad, nos marchamos a viajar por el mundo. Pero volvimos. Siempre volvíamos a nuestra tierra del norte, donde no se distingue la separación entre el cielo y la tierra.

¿Sabías que...

... estar en contacto con la naturaleza tiene un efecto positivo para el bienestar emocional? Contemplar el horizonte, pasear por la playa, ir a buscar conchas, caminar por la montaña: apetecible ¿verdad? Los efectos de la naturaleza en la salud mental se vienen estudiando desde hace décadas, y cada vez hay más investigaciones que confirman estos efectos positivos. La conexión con la naturaleza y la inmersión en ella refuerzan la salud mental y el bienestar emocional (Fabjanski y Brymer, «Enhancing Health and Wellbeing through Immersion in Nature: A Conceptual Perspective Combining the Stoic and Buddhist Traditions» [Reforzar la salud y el bienestar a través de la inmersión en la naturaleza: una perspectiva conceptual combinando las tradiciones estoica y budista (2017)]. Los médicos incluso recetan el contacto con la naturaleza como intervención no sanitaria. Estas prescripciones verdes[*] ayudan a los pacientes, mediante la exposición a la naturaleza como medio para mejorar su bienestar físico y mental.

Hace algunos años, durante un retiro de silencio, de pronto me vino un recuerdo. Me vi cuando tenía nueve años, apoyada en la puerta de la cocina, hablando con mi hermana, que tiene dos años más que yo. El tema era mi siguiente cumpleaños. *La sirenita de Copenhague* se estaba reproduciendo en nuestro vídeo VHS, que estaba en segundo plano. Mi hermana vaticinó que pronto cambiaría de década, y que eso iba a ser guay; ¿íbamos a ser adolescentes juntas? Le pregunté qué tenía eso de maravilloso, porque algo raro sospechaba. Los celos eran una dinámica bastante frecuente entre nosotras a esa edad. Pero lo dijo sin maldad alguna. Me respondió que a todo el mundo le parecía guay ser adolescente y yo le pregunté por qué. «Porque nunca más volverás a ser niña», respondió.

---

[*] Una prescripción verde es una estrategia emergente e innovadora que está diseñada para mejorar la salud física y mental y el bienestar a través de la exposición, y a menudo la interacción multisensorial, con entornos naturales. Un paseo regular por un espacio verde, la participación sistemática en la jardinería (terapia hortícola) y/o la realización de actividades de conservación de la biodiversidad, como la creación y restauración de hábitats, son algunos ejemplos. (Nota de la T.).

«¡¿Qué?!», pensé. ¿Nunca más volvería a ser una niña? ¿La vida no iba a seguir siendo como hasta entonces? ¿Viendo *La sirenita* en la tele, en la simplicidad y seguridad de nuestro hogar, ¡para siempre!? Sentí una tremenda convulsión en lo más recóndito de mi ser, y apareció un dolor muy profundo en mi interior. Me sentí triste por algo sobre lo que no tenía ningún control, embargada por un sentimiento de pérdida. La conciencia del cambio inevitable, de la impermanencia, se había adueñado de mí.

A partir de aquel día, hice todo lo posible para retrasar o, incluso, detener ese cambio. Fue como si creyera que, de algún modo, podía aprender a controlar el tiempo, y en mis intentos de alejar mi creciente malestar, adapté mi conducta. Con la pretensión de recobrar el control, unas veces era extremadamente ordenada y pulcra, y otras, todo lo contrario. Al principio, esto me ayudó a sentir como si tuviera algo de poder sobre el rumbo de mi vida, y me sirvió para descubrir mi propia capacidad de acción respecto a mi objetivo y cómo iba a conseguirlo. Me di cuenta de que podía elegir una actividad o conducta en la que pudiera destacar y me distrajera de mi malestar. Al menos durante un tiempo.

A los quince años se me despertó la curiosidad, e inicié, apasionada y activamente, la búsqueda de respuestas sobre el sentido de la vida. Estaba hambrienta de respuestas y empachada de preguntas. Había leído *El mundo de Sofía*, del brillante autor Jostein Gaarder, y fue mi primera toma de contacto con la filosofía, pero quería saber más. Poco después, por casualidad, conocí la psicología existencial, al leer la novela de Irvin D. Yalom *El día que*

Nietzsche lloró. Lo que leí me dejó muy intrigada, pues en ello reconocí que mi creciente malestar interior era algo muy humano. Ahora, cuando reflexiono sobre aquello, me doy cuenta de que fue uno de los peores momentos decisivos de mi vida, como lo es para la mayoría de los cerebros adolescentes dominados por las hormonas. Las preocupaciones se manifestaban por la noche, como sensaciones de inquietud en mi vientre. Pasar de estar bien a estar mal me provocaba ansiedad, y empecé a ser consciente de estas fuerzas y del fluir constante de pensamientos que se agolpaban uno tras otro. Mi diálogo interior era algo parecido a esto: «¡Oh! Desearía tener ese bolso. Mi vida sería muy diferente», o: «Voy a dejar de hacer esto o aquello, y solo destacaré en esa otra cosa, y entonces, toda mi vida cambiará». A los diecisiete años, leí mi primer libro de filosofía hinduista, y al momento, sentí la necesidad inminente de saber más. Empecé a leer todo lo que pude encontrar sobre este tema; me encantaba el misticismo de dicha filosofía, me fascinó descubrir que había escuelas filosóficas que se planteaban preguntas e ideas respecto a la vida, y que vivir de acuerdo con esta filosofía encarnaba la esencia de la vida humana.

Desde una edad muy temprana he sabido que quería estudiar Psicología. Ese profundo sentimiento de inquietud, que había surgido en mi adolescencia, cuando fui consciente de que el cambio era inevitable, se transformó en un significativo deseo de entender la mente humana. Pero antes de entrar en la universidad, trabajé durante un año en una residencia de ancianos. Sentía que necesitaba algo de experiencia práctica en asistencia sanitaria, si quería ser psicóloga. En la residencia, tuve el privilegio de descubrir que podía influir en la vida de las personas mayores y enfermas que se encaminaban hacia su final. Esta vivencia de conocerlas en esa etapa me ayudó a conectar con la vida de otro modo. Tuve el honor de estar al lado de algunas de ellas en sus últimos suspiros. La experiencia fue impactante y cambió mi vida para siempre.

Cuando fui a la universidad, un año más tarde, para iniciar mis estudios de Psicología, también empecé mi práctica formal de yoga. Fue allí, sobre mi esterilla, donde encontré las piezas del rompecabezas que me faltaban para que todo encajara. La práctica del yoga era como una larga exhalación, un suspiro de alivio. Sabía que había encontrado algo esencial, aunque dudo que te pudiera decir cuál fue el momento exacto de ese hallazgo. El yoga resonaba en cada capa de mi ser. Ser consciente de mis pensamientos, emociones y cuerpo, simultáneamente, y dejar que esto se convirtiera en una experiencia integrada, gracias al movimiento y a la respiración, fue algo totalmente mágico para mí. A partir de entonces, me di cuenta de que empecé a moverme con una nueva conciencia y perspectiva. Poco me podía imaginar que esto sería el principio de muchas relaciones bellas en mi vida. Aprender yoga me llevó hasta la India, y luego hasta Ámsterdam, donde una noche de verano, bajo los rayos de la luna llena, conocí a mi futuro esposo. Cuando nuestra relación se afianzó, me mudé a Ámsterdam y fundé Delight Yoga. Al inicio de nuestro romance solo impartía unas pocas clases a la semana, en lo que por aquel entonces era el Delight Studio, y que ahora alberga a más de cien alumnos. Empecé con unos pocos, y ahora tengo muchos más, que practican la relajación, la concentración y la conciencia en sus ajetreadas vidas, a través de múltiples plataformas en Internet y fuera de la Red. Mi esposo y yo seguimos dirigiendo estas plataformas y lugares de encuentro para practicantes de yoga y de meditación, y facilitamos técnicas que propician la paz interior, para ellos y para otras personas.

Además, como psicóloga, llevo aplicando el *mindfulness* y el yoga (este último, como meditación en movimiento) en entornos sanitarios y como parte de planes de tratamiento, desde hace una década. He compartido mis conocimientos con pacientes y compañeros de oficio sobre *cómo* hallar la serenidad en los momentos de ansiedad. Ahora, en este libro lo comparto contigo. Puedes entenderte mejor observando la lucha que te provoca el sufrimiento. Y de este modo, puedes desarrollar una relación diferente, más positiva, en tiempos difíciles. Voy a compartir contigo los puntos de encuentro, donde la esencia de estas prácticas coincide con la psicología, y te explicaré por qué atravesar la oscuridad interior es una parte tan esencial de lo que implica ser humano, en este momento de la historia.

El contexto es personal

Literalmente, nací en la oscuridad de mediados de invierno, en el norte de Noruega, donde no sale el sol durante meses. Pero no todo era oscuridad; me crie en una tierra en la que los veranos tienen veinticuatro horas de luz al día, siete días a la semana. Esto nos obliga a un extraño ritmo circadiano. En estas latitudes, las estaciones te afectan, y es esencial que aprendas a ser consciente de tus niveles de energía con relación a tu entorno, y lo más importante, con relación a la presencia de luz. En estos países, el horario laboral es más corto en invierno que en verano. Y cuando crecí, me di cuenta de que los platos que comíamos eran de temporada, y la cocina tradicional me enseñó la presencia de productos agrícolas de mi tierra del norte.

No tardé en descubrir que, como seres humanos, podemos esperar que nos afecte nuestro entorno más inmediato, por la luz o la oscuridad, por las montañas o los rascacielos. Asimismo, también nos afecta nuestro entorno interior, que, a su vez, influye directamente en nuestra salud. La falta prolongada de exposición a la luz solar y la falta de magnesio en la dieta pueden afectar a nuestro estado de ánimo. De la misma manera que un patrimonio genético de trastornos hereditarios, como la depresión y la ansiedad, o crecer con un progenitor con ataques de ira impredecibles o estados de ánimo fluctuantes puede afectar igualmente a tu salud emocional.

Según mi definición, el entorno inmediato incluye las actitudes y creencias, generalmente aceptadas, de la sociedad en que vivimos. En el capítulo siguiente veremos esto con más detalle. Pero el resumen es este: estar ocupado se ha convertido en un símbolo de clase social, y los síntomas de agotamiento se están convirtiendo en la norma. En una sociedad donde sacrificar tu propia salud se considera normal, resulta más difícil que nunca trazar la línea que indique cuándo se ha cruzado un límite. Esto apaga tu chispa interior con toda certeza.

Vivir despacio y las prácticas orientales seculares, como el *mindfulness* o el yoga contemporáneo, han contribuido a devolver la frescura de hacer una pausa de vez en cuando. Pero es complicado. Nuestra forma de prosperar y de esforzarnos para vivir satisfechos no es solo un asunto personal. Hay algunos factores básicos implicados sobre los que tenemos muy poco control. Prosperar es un acto social, medioambiental, económico, psicológico, fisiológico, educativo y biológico. Tenemos mucho camino por delante, antes de descartar la idea de que podemos medrar en nuestro vertiginoso mundo actual, como seres multitarea sobrecargados y agotados.

La chispa interior te mostrará los múltiples factores que te afectan y sobre los cuales puedes tener capacidad de acción. Con estas reflexiones, verás claramente cómo librarte de tus conflictos emocionales, cómo atravesar tu oscuridad interior para llegar a tu chispa interior. Cuando utilizamos recursos, consciente y activamente, para mejorar nuestro bienestar emocional, tanto en nuestro entorno interior como en el exterior, avanzamos con facilidad hacia una salud más integrada y una vida más bella.

En mi práctica como psicóloga, me centro en que mis pacientes desarrollen su poder personal y los ayudo a descubrir sus luchas internas y a que accedan, voluntariamente y sin riesgo, a su oscuridad interior, que es un paso esencial para que se entiendan mejor a sí mismos. A partir de ese momento, es cuando podemos aprender a navegar por la oscuridad interior de las dificultades emocionales, para dirigirnos hacia la buena salud mental y la chispa interior de la satisfacción.

Hace varios años, Joan, una de mis pacientes, me confesó algo muy íntimo. Me dijo con lágrimas en los ojos que estaba harta y agotada de luchar, durante lo que a ella le parecía una eternidad. Estaba tan quemada y tan exhausta por su trabajo que sentía que ya no podía seguir soportándolo. Tenía tres hijos, y aunque su esposo la ayudaba siempre que podía, solía ausentarse a menudo por motivos profesionales. Había intentado desesperadamente combinar el trabajo, las tareas domésticas, los hijos y el matrimonio..., todo. Tampoco la ayudaba pretender mantenerse en ese estado de alto rendimiento. Por esta razón vino a verme, con una ausencia total de energía vital y sin voluntad para seguir viviendo. Me dijo que todo le daba igual, que sentía que ya no podía afrontar seguir en este mundo, que no era capaz de seguir soportando el dolor. Me contó su situación mirándome directamente a los ojos.

Al rato, después de una pausa, me dijo:

—Pero no lo voy a hacer.

No pensaba suicidarse.

—¿Qué es lo que te impide hacerlo? —le pregunté.

—Mis hijos. Mi familia. Mi esposo. Mis padres. No. Nunca los dejaría de este modo. Quiero vivir, pero no quiero seguir sufriendo —me respondió con mucha determinación y no dudé de ella ni por un minuto.

Mientras hablaba, sus ojos cobraron vida: se produjo una chispa. Había una chispa inconfundible de deseo de vivir. Una chispa que la ayudaba a tener una visión más amplia de sí misma, como persona, no solo importante, sino imprescindible para los demás. Se daba cuenta de que su sufrimiento era algo ajeno a quien realmente era, de que a pesar de sus conflictos emocionales y de sentir que se estaba ahogando en su propia oscuridad, había algo en ella que estaba dispuesto a luchar contra eso. Se las arregló para conectar con una motivación interna profunda y alejarse de la oscuridad interior que tanto la había estado consumiendo. Sentirse importante para sus seres queridos se convirtió en su tabla de salvación en su lago de oscuridad. Quería vivir. Estaba motivada para recuperar la salud y dispuesta a cambiar.

¿Sabías que...

... aproximadamente uno de cada tres trabajadores se sentirá quemado en algún momento? Quemarse es una reacción normal al estrés, más que un diagnóstico clínico, y se suele usar para describir trastornos ocasionados por el estrés relacionado con el trabajo. Los síntomas de este estado son un conjunto de problemas que tienen relación con la depresión leve y la ansiedad, y cuya causa es el incremento de la exposición continuada al estrés. Te puedes quemar cuando has de enfrentarte, durante un periodo de tiempo prolongado, a factores de estrés sobre los cuales no tienes ningún control. Por ejemplo, factores laborales, económicos o de presión emocional. Esta exposición nos agota, sin que tengamos oportunidad para hacer una pausa y recuperarnos. El tratamiento o vía recomendados incluye la psicoterapia y las terapias corporales, para recobrar la salud en múltiples facetas de tu existencia simultáneamente.

La psicoterapia te ayudará a descubrir las causas subyacentes, como patrones de pensamiento o conductas relacionadas con tus heridas emocionales, y te dará el poder para que recuperes tu capacidad de acción en tu situación. Además, hacer una pausa y alejarte de los factores de estrés durante tu recuperación es altamente recomendable. Poner en práctica la bondad y la compasión hacia ti mismo a través de ejercicios concretos, como el yoga consciente y la meditación, se considera que es un método preventivo y que incrementa el poder personal. Unas directrices dietéticas de la medicina funcional también son muy útiles. Si te estás preguntando si puedes llegar a quemarte, procura consultar con tu médico, para eliminar otros condicionantes y decidir el tratamiento apropiado.

Y así es como funciona. El viaje para superar nuestros conflictos emocionales y alejarnos de los patrones cognitivos y de conducta que ya no nos sirven solo puede comenzar cuando estamos preparados para aceptar nuestros pensamientos y sentimientos más oscuros. Reconocer la presencia de nuestros pensamientos más secretos es el primer paso hacia nuestra liberación. Has de permitirte personalizarlo: la oscuridad interior es personal. El dolor que sientes o las batallas que has librado en tu vida, como persona, son solo tuyos: solo tú sabes lo que supone vivir esas experiencias. El bloqueo ante un conflicto emocional es muy humano, así que no niegues los sentimientos que te pueden provocar las cosas oscuras. Y es igualmente humano desear con todas tus fuerzas que las dificultades y la oscuridad desaparezcan, para volver a sentirte libre, feliz y dichoso.

INCENTIVO PARA ACTUAR
Deséate lo mejor

Práctica de visualización

Antes de iniciar el viaje para abandonar la lucha, te voy a hacer una invitación. Te invito a trabajar contigo mismo con la intención de que te entiendas, te prestes atención, te cuides con ternura y te desees el máximo bien, mientras recorres tu camino por este libro. Quizás esta invitación te resuene de inmediato. Y si no es así, también está bien. Es una práctica de autocompasión, y aunque no puedas sentirlo ahora, tal vez puedas pactar contigo mismo que lo recibirás en el futuro.

1. **SIÉNTATE:** busca un sitio cómodo para sentarte y donde no te distraigas. Puedes cerrar los ojos si lo prefieres o dirigir la mirada hacia el suelo.

2. **BONDAD:** repite las siguientes frases para ti, en silencio o en voz alta. Repite cada una tres veces. Tómate la libertad de rehacerlas con tus propias palabras, para que te lleguen mejor:

   - «Me deseo buena salud».
   - «Deseo tranquilidad emocional».
   - «Quiero encarnarme con ternura».

- «Quiero ser mi propio puerto seguro de delicadeza y bondad».

3. **CONTEMPLA:** después de repetir estas frases tres veces, observa cómo te sientes con estos deseos.

4. **REGRESA:** ahora, traslada tu atención a tu cuerpo y al lugar donde estás sentado. Observa la habitación o el espacio que te rodea. Y cuando te sientas preparado, levántate y empieza tu día.

OBSERVACIÓN
Integración

Práctica de atar cabos

El siguiente ejercicio integrará tu experiencia de la práctica de autodesearte cosas buenas. Al escribir tus observaciones empiezas a ser consciente de la autenticidad de tu experiencia. Escribe de la manera más descriptiva posible, resístete a caer en la trampa de analizar o explicar. Este ejercicio de integración se repite a lo largo del libro.

Mientras te deseabas cosas buenas:

- ¿Has observado algo respecto a tu respiración? Por ejemplo: el ritmo, la profundidad, algún cambio en su calidad, la diferencia entre inspiración y espiración... Descríbelo.

- ¿Has observado algo en tu cuerpo o relacionado con las sensaciones corporales? Por ejemplo: una sensación más intensa. Comodidad o incomodidad. Una zona pequeña de tu cuerpo reclama toda tu atención, o una zona amplia. Sensaciones diferentes, algunas sutiles, otras obvias. Punzadas, cosquilleos o cambios de temperatura. Descríbelo.

- ¿Has observado algo en tu estado o actividad mental? Por ejemplo: pensamientos que se mueven más rápido o más despacio. Una idea, pensamiento o situación que exige tu atención. Muchos pensamientos, quizás desordenados o de inquietud. ¿Has observado un cambio en tu capacidad de concentración o atención? ¿Tienes la mente más clara o más espesa? Descríbelo.

- ¿Has observado algo en tus emociones, actuales, emergentes y pasajeras? Por ejemplo: ¿te has fijado en alguna emoción o emociones? ¿Has notado si afloraban emociones y eran transitorias? ¿Se desvanecían? ¿Tal vez te has dado cuenta de la intensidad de las emociones, de si eran más fuertes o más ligeras? Descríbelo.

Recuerda, intenta no analizar tus respuestas, procura no explicar de dónde surgen las sensaciones o por qué surgen. Solo observa qué sientes.

En «Las recetas para el bienestar» (página 239) lee la que corresponde a la *bondad*, en el último capítulo del libro, donde especifico la función, la dosis y las contraindicaciones.

CAPÍTULO 2

¿Por qué la chispa interior?

La neurosis social como norma

> *Todos estamos hechos del mismo polvo de estrellas, porque, literalmente, todo está hecho de los mismos componentes básicos: los átomos. También compartimos el mismo viaje espiritual, el proceso vivo de ser creados, de transformarnos, y por último, de dejar de existir...*

No es culpa tuya

Nuestras sociedades occidentales modernas parecen valorar el éxito individual por encima de todo. Somos educados y preparados para ser independientes, valernos por nosotros mismos, autoinstruirnos, ejecutar y conseguir. Sin embargo, aunque se fomente y anime constantemente la individualidad, es difícil no tener en cuenta el aspecto negativo de estar tan centrados en nosotros mismos. La focalización en el individuo ha generado una cultura de comparación constante, sentimientos de soledad e, incluso, vergüenza. Nos distanciamos los unos de los otros dentro de nuestras propias comunidades. Hoy, en nuestra época, nuestras sociedades se han concentrado en lo externo, individualizado en exceso y, aparentemente, se han consolidado en una especie de neurosis colectiva. No es de extrañar que los síntomas de estos tiempos insalubres nos estén afectando.

Los seres humanos somos animales sociales que medramos en rebaño (o en comunidades). Muchas veces nos olvidamos de que nuestro bienestar depende de la personalidad que adoptemos respecto a la gente con la que nos relacionamos. Cuando nos sentimos conectados con nuestro equipo, con nuestra tripulación, con la comunidad con la que estamos a gusto, nace el sentido de pertenencia. Dentro de esta comunidad, sentimos que tenemos un propósito y una función importante, en relación con el resto. En la psicología social esto se conoce como endogrupo y exogrupo. El endogrupo es el que está formado por aquellos con los que nos identificamos y con los que sentimos que nos unen unos lazos de pertenencia; el exogrupo son el resto de las personas. Muchas veces, nos expresamos desde esta perspectiva, sin ser conscientes de las múltiples elecciones que realizamos: nuestra forma de vestir, de hablar, las palabras que elegimos, qué compromisos adquirimos, cuáles no, etcétera. Los mecanismos que, como animales sociales, nos impulsan y nos invitan a definirnos, de acuerdo con los grupos con los que nos identificamos, son muy fuertes, tanto que pueden incitarnos a hacer cosas que, *a posteriori*, podrían ser cuestionables. Es de suma importancia que entendamos que estamos bajo la influencia de fuerzas de las cuales no somos del todo conscientes.

No solo somos animales sociales que luchan por pertenecer a algún lugar, sino por conseguir la comodidad de lo predecible. La facultad de entender y predecir nuestro entorno ha sido una de las fuerzas vitales de la evolución. La previsibilidad deseada, principalmente, está relacionada con las normas de la sociedad en la que vivimos y con la que estamos comprometidos. La previsibilidad significa que podemos actuar de manera apropiada y descodificar correctamente la conducta de los demás. Y este mecanismo afecta a nuestro bienestar.

De ahí se deduce que las normas sociales tengan un gran impacto en nosotros. Sin olvidar esto, es importante que reconozcamos que nuestra generación manifiesta problemas y estados no solo bajo la influencia de nuestros antepasados (puesto que tenemos la tendencia de aceptar las normas de las generaciones anteriores o rebelarnos contra ellas), sino también por los principales movimientos sociales.

¿Sabías que...

... medramos cuando hay interdependencia, pero no en la soledad? El neurocientífico John Casiopi estudió la reacción de nuestro cerebro a la soledad y a la pertenencia. Los sentimientos de pertenencia y de comunidad nos fortalecen, mientras que los de soledad nos hacen vulnerables y débiles y nos enferman. La tendencia individualista de la sociedad moderna no favorece demasiado la interdependencia y las relaciones, y la subsiguiente disminución de los sentimientos de pertenencia genera sufrimiento y fragmentación en nuestro interior. En un estudio realizado por Yang y sus colaboradores, encontramos más pruebas que respaldan este hecho, los investigadores observaron que las relaciones sociales pueden predecir, mejor que ninguna otra cosa, la longevidad de las personas.

Mi bisabuela recolectaba algas del gélido mar de Noruega, las secaba y se las daba a su única vaca, para poder dar leche a sus diez hijos. Ella cuidaba sola de su prole, mientras mi bisabuelo estaba fuera pescando en el mar, durante varios meses seguidos. Vivían en una pequeña cabaña costera y nunca sabía si su marido regresaría. Cuando mi abuela era pequeña, se agarraba a la cadera de su madre embarazada, mientras esta recolectaba algas en el más frío de los mares. De adulta, durante la Segunda Guerra Mundial, se casaría con mi abuelo. En aquellos tiempos, vivían aislados en su granja de Vikjorda. Su primogénito llegó al poco de acabar la guerra, y a él posteriormente se sumarían cinco hijos más. Cuando la dureza de vivir en una pequeña granja empezó a pasarles factura, decidieron trasladarse a la capital de la región, Bodø. Mi abuelo montó una empresa de construcción y las cosas cambiaron para ellos. Tuvieron unos ingresos más estables y empezaron a disfrutar un poco más de la vida. Cuando sus hijos se hicieron mayores y se marcharon de casa, decidieron huir a España durante los meses invernales más oscuros del año. En el transcurso de su vida, mi abuela pasó de la pura supervivencia en la costa de Noruega a vivir tres meses al año de vacaciones en la soleada España.

La industrialización trajo un aumento masivo de la productividad y la población general notó sus efectos. Fue una época de relativa estabilidad económica. Así que mis abuelos, después de la guerra, pudieron dejar de concentrarse en la supervivencia y disfrutar más. Mis padres ya se criaron con una mentalidad de mayor conciencia social, en la que se cuestionaban el *statu quo* de la sociedad y de la clase política. A continuación, llegamos los *millennials*, mi generación, nacidos en la cuna del perfeccionismo. Queríamos hacerlo todo mejor que nadie. Mucho mejor. Nos creíamos capaces de hacer cualquier cosa. Pensábamos que podíamos elegir lo mejor y, como generación privilegiada, el mundo parecía rendirse a nuestros pies. Entonces, ¿por qué, en la cima de nuestra pirámide maslowiana, estamos encarcelados en nuestra mente controladora? ¿Por qué estamos atrapados entre la serenidad y el desasosiego, a veces en tal grado que no solo experimentamos malestar, sino también enfermedad y trastornos? ¿Por qué es nuestra generación la que padece los índices más altos y los inicios más prematuros de trastornos mentales, cuando, aparentemente, estamos en la cúspide del mundo?

El problema

Actualmente, el rendimiento y los logros se han convertido en símbolos de clase social. En nuestra sociedad, la premisa es fomentar el perfeccionismo en todas las áreas posibles. La multitarea constante nos abruma y los síntomas de agotamiento y falta de energía se están convirtiendo en la norma. Estar quemado y el estrés no son solo enfermedades muy extendidas, sino alarmantemente comunes, y sus índices siguen en aumento. Las personas inteligentes y con recursos se encuentran con muros, la locura de su vida diaria las reduce a pálidas e ineficaces versiones de sí mismas. Su chispa interior se ha apagado, se ha perdido en alguna parte entre los escombros de todo lo que creen que han de hacer para conseguir sus objetivos. No obstante, la paradójica verdad es que nuestros conocimientos sobre la salud son más extensos que nunca.

Ha habido momentos en los que he sentido que mi vida era como ir en bicicleta a hora punta por el centro de Ámsterdam: he de pedalear a la velocidad que me exigen los otros ciclistas que van delante y detrás de mí. Si no sigo el ritmo, corro el riesgo de que alguien choque contra mí y provoque un caos aún mayor. Sin embargo, sé mejor que nadie que debería ser capaz de desvincularme de esta carrera desenfrenada. Estoy en un dilema por el deseo de formar parte de esa locura y la aversión a la presión constante a la que estoy sometida. Estos sentimientos conflictivos de deseo y aversión me tienen en sus manos. ¿Qué me ha sucedido? ¿Existe otra vía?

Es muy fuerte criarse en una sociedad y en una época en que el desarrollo tecnológico y la digitalización de nuestras vidas son tan abrumadores. Un momento en que estar ocupado, la multitarea incesante y alardear de nuestros logros está más valorado que la vida sencilla y lenta. Aunque las generaciones anteriores a la nuestra vivieron de un modo más austero que nosotros, en unos tiempos en los que la salud general, las enfermedades y la super-vivencia eran lo que realmente importaba, sus vidas eran más simples. Existían muchas formas de cotidianeidad estable; en comparación con nuestra vida, la suya era menos complicada.

Esto me recuerda al rapero Biggie Smalls: «Más dinero, más problemas». Más pertenencias, más problemas. Más alternativas, más problemas. Puede que tengamos riqueza material, pero, en realidad, no solo va en nuestro detrimento, sino en el de todo el planeta. Los centros comerciales y la venta *online* nos pasan sus mercancías por las narices, y son entregadas en nuestros domicilios al día siguiente. Somos inducidos a creer que necesitamos esas cosas, cuando no es así. Las plataformas de los medios sociales, disfrazadas de espacios, en los cuales podemos conectar con los demás, son en realidad la nueva trampa para hacernos caer en las garras de la publicidad, cuyo fin es crear nuevas adicciones en los consumidores. Y las generaciones más jóvenes han socializado digitalmente; de hecho, han sido entrenadas por dichas plataformas para reaccionar de maneras específicas. Nos guste o no, los niños han sido educados para reaccionar siempre con deseo o aversión, y de este modo estimular la necesidad de conseguir otra cosa, algo más o mejor. O peor aún, se les genera la inseguridad de que sería preferible ser otra persona, alguien mejor. Todo esto refuerza la creencia de que no estamos a la altura.

La digitalización puede que haya acelerado la vida, pero nuestro cerebro sigue funcionando al ritmo ancestral. Desde una perspectiva evolutiva, nuestro cerebro continúa en los tiempos del cazador-recolector. No es de extrañar que el movimiento del *slow living* (vivir despacio) vaya en aumento, y lo considero una reacción justa ante todo este frenesí. Es perfectamente lógico que se anhele retornar a la simplicidad.

Vale la pena observar que, paralelamente a la industrialización y a la digitalización de nuestras vidas, la ciencia también ha conquistado una enorme cantidad de terreno y que, para la mayoría de las personas, ha llegado a significar más que la religión y los valores religiosos. La espiritualidad se ha convertido en un asunto funcional e individual. Asimismo, hemos visto un aumento de los trastornos de salud mental, como la ansiedad, la depresión y los problemas relacionados con el estrés.

La postindustrialización nos ha orientado hacia una vida enfocada en una meta, donde más es mejor, y la sociedad está impulsada por el consumo masivo. Por consiguiente, tiene lugar una superproducción excesiva que está dejando a nuestro planeta sin capa de ozono, derritiendo los polos y provocando un cambio climático, por no hablar de las crisis financieras, el aumento de las guerras, las oleadas de refugiados y la mentalidad cuadrada de los *millennials* obsesionados con el *perfeccionismo*. Puesto que nuestras generaciones más jóvenes son juzgadas por sus conocimientos, logros y rendimiento, se encuentran con que ni siquiera pueden rebelarse como lo hicieron sus padres: recurriendo al sexo, a las drogas y al *rock'n roll*. En vez de luchar contra el *statu quo* y tomar las calles, estamos viendo algo nuevo: se rebelan estando más sanos que los más sanos, concienciándose de los problemas medioambientales y recurriendo al yoga, a la meditación y al *mindfulness*, en un desesperado intento de llenar el vacío emocional que los consume vivos. Y no olvidemos que, en medio de todo esto, intentamos luchar desesperadamente, incluso descubrir nuestra pasión y realizar nuestro potencial superior.

Nietzsche denominó estos tiempos la entrada en *la religión del confort*. Un ejemplo extremo sería la película *Matrix*, donde los seres humanos están confinados en una especie de cápsulas, viven en un entorno con el menor estrés posible y son alimentados y criados con la única finalidad de proporcionar energía a las máquinas. No está tan alejado de la verdad que esconden los medios sociales, si te detienes a pensarlo. En las redes sociales nuestro tiempo y atención alimentan todo tipo de algoritmos, y quizás en el futuro ¿también a la inteligencia artificial? Nietzsche no era optimista, pero tenía su razón: nos gusta la comodidad. Sagazmente, observó que nuestro deseo de confort no disminuía nuestro sufrimiento: «Si miras un abismo el tiempo suficiente, este te devolverá la mirada».

Nuestra lucha por intentar poner fin, de alguna manera, a la danza de la dicha y la tristeza solo creará más sufrimiento. El sufrimiento aparece cuando elegimos *no* involucrarnos en la danza de la tranquilidad y la agitación, es decir, el baile de nuestras emociones. Aparece cuando no sabemos cómo manifestar adecuadamente nuestra oscuridad interior, porque, ante todo, lo que queremos es el confort. Muchas veces, nos asustan nuestras emociones o la forma en la que estas se manifiestan en nuestra vida y pueden interferir, potencialmente, en lo que estamos intentando conseguir. Somos adictos a la idea de que la clave está en la felicidad. Pero confundimos felicidad con confort, tanto material como económico. Creemos que si pudiéramos conseguir esto o aquello, o no tener esto o aquello, seríamos felices y la vida sería perfecta. El sufrimiento llega cada vez que no obtenemos lo que deseamos o esperábamos conseguir. Incluso podemos llegar a creer que algo no funciona bien en nosotros. Que hay algo suma, seria y patológicamente grave. Yo me he planteado esa pregunta un par de veces en mi vida. Y sé que muchos de mis pacientes también se la han hecho: «¿Me pasa algo? ¿Por qué sigo atrapado en esta lucha? ¿No tengo solución? ¿Estoy loco?».

Una paciente me dijo:

—¿Estás segura de que no estoy loca?

Sarah hacía tiempo que padecía ataques de pánico, y aunque había cambiado su comprensión sobre ellos (había dejado de creer que uno de esos ataques la mataría), le aterraba que alguien la viera en plena crisis.

—¿Por qué? —le pregunté.

—Porque, en ese caso, enseguida se darían cuenta de lo jodidamente loca que estoy. —Le asustaba que el mundo supiera que padecía una enfermedad mental.

—¿Y qué es lo peor de todo esto?

—Que me avergonzaría mucho. Todo el mundo sabría que soy incapaz de manejar mis problemas.

No le pasaba nada. Como tampoco te pasa a ti. Esto es humano y normal. Nuestra oscuridad interior provoca sufrimiento. Pensamientos conflictivos. Las llamadas emociones negativas, la tristeza, el miedo, el dolor, la inseguridad, la ira, los celos, la soledad, el odio, la vergüenza. Todo es tan normal como cualquier otra cosa.

Estas emociones demuestran que estás vivo como ser humano. Ser capaz de exteriorizar tus sentimientos implica sentir la expresión creativa del alma y conectar con ella. Las emociones son el baile de los efectos. La regulación de la presión sobre el sistema nervioso. Un mensaje del corazón. Nuestro lenguaje no verbal para relacionarnos con otros seres.

No importa cuál sea la forma en que elijamos definir las emociones, en que nos relacionemos con ellas, las encarnemos, las manifestemos, las regulemos y las convirtamos en un relato significativo para nuestra vida, eso es lo que marcará la diferencia. Solo cuando conocemos nuestras emociones y sabemos cómo expresarlas nos damos cuenta de que son pedacitos de nuestra identidad. No son la totalidad de nuestro ser. Por consiguiente, hemos de aprender a dejarles su espacio y a encarnarlas por completo. Hemos de aprender a relacionarnos con ellas cuando aparecen. ¿Intentamos evitarlas? ¿Intentamos acallarlas? ¿Intentamos distraernos de ellas creando dolor físico para no oírlas? ¿O nos hundimos en las olas de nuestras emociones?

Una espiritualidad contemporánea

Los predecesores de los psicólogos modernos fueron consejeros del alma, chamanes, sanadores y líderes religiosos; por consiguiente, es lógico que la filosofía no occidental siempre haya estado en el punto de mira de muchos de los primeros psicólogos. Freud y Jung (entre otros) estudiaron las escuelas de pensamiento y filosofías orientales y, más adelante, cuando la psicología fue aceptada formalmente como una rama de la ciencia, el paradigma humanista tomó el relevo para la patología (centrada en la anormalidad y la enfermedad), preparando el camino para la psicología positiva y el modelo salutogénico (centrado en el poder de la salud y el bienestar).

Ya hemos observado la posible conexión entre el declive de las prácticas religiosas organizadas y el aumento de los trastornos de la salud mental. También hemos de revisar la conexión entre el yoga y las enseñanzas de la sabiduría perenne.* Todos sabemos que, en las últimas diez décadas, se ha producido un gran aumento de prácticas, como el yoga, el *mindfulness* y otras técnicas experienciales similares. Pero aquí la pregunta es: ¿por qué estamos viendo este aumento del interés en estas prácticas? ¿Por qué las infinitas versiones secularizadas de las prácticas orientales e, incluso, místicas (como la cábala) atraen a las masas? ¿Y por qué hay tantas personas que aceptan definirse como «espirituales, pero no como religiosas»? ¿Podrían ser estas prácticas un modo de llenar ese vacío religioso, y actuar como formas individualizadas de practicar la espiritualidad? Los modelos de rol, como Oprah, Gwyneth Paltrow con su plataforma Goop, Marianne Williamson y Deepak Chopra, han contribuido a la difusión de los temas espirituales entre el gran público. Y los maestros

---

* Es un término que sugiere la existencia de un conjunto de verdades y valores universales que comparten culturas y tradiciones místicas de diversa índole. En este libro, cuando la autora no hace referencia expresa a las enseñanzas del yoga o del *mindfulness,* he usado este término (Nota de la T.).

orientales budistas, como Pema Chödrön, Lama Tsultrim Allione, Jack Kornfield, Joseph Goldstein y Sharon Salzberg, han hallado una nueva forma de compartir las enseñanzas antiguas y crear un espacio para las prácticas de meditación, en lugares como Spirit Rock ('centro de meditación Spirit Rock') y el Insight Meditation Center ('sociedad de meditación Insight'). Sus alumnos, a su vez, han traducido bellamente estas enseñanzas, para que puedan ser aplicadas a la psicología contemporánea e integradas en el sistema de salud y en los tratamientos de enfermedades somáticas y mentales. Jon Kabat-Zinn ha secularizado la meditación con su programa de reducción del estrés basado en la atención plena y ha ayudado a que esta práctica llegue hasta las personas que no están interesadas en el aspecto espiritual de la meditación. Y ahora, puedes encontrar centros de investigación, educativos y para la práctica de la compasión y el *mindfulness* en algunas de las universidades más prestigiosas del mundo, como la de Stanford y Oxford.

La comunidad del yoga está experimentando un aumento similar al de las enseñanzas budistas. Los practicantes, a través de las posturas de yoga, pueden practicar la atención plena y la autocompasión: el movimiento se convierte en la meditación. El yoga tiene el potencial de hacer que las prácticas de *mindfulness* y de tomar conciencia estén al alcance de diversos grupos de población. Un gran ejemplo es el Prison Yoga Project ('proyecto de yoga para las prisiones'), creado por James Fox y que se puede encontrar en prisiones de todo el mundo. Y también profesores como Jill Satterfield, Janice Gates, Anne Cushman y Sarah Powers han unido las prácticas de la sabiduría perenne con técnicas de movimiento y han difundido estas enseñanzas por todo el planeta.

La práctica clínica de la psicología, en un desarrollo paralelo, ha experimentado un claro cambio de paradigma en las últimas décadas, y ahora valora cada vez más integrar prácticas corporales en sus programas de tratamiento convencionales. En mi caso, esto implica que he podido incorporar el yoga y el *mindfulness*, como prácticas experienciales, directamente en el trabajo que realizo con mis pacientes.

¿Por qué hay personas que se sienten atraídas por estas prácticas, tanto si se trata de meditaciones de *mindfulness* como de visualizaciones más avanzadas sobre la compasión o de movimientos sencillos, como el yoga consciente, qué es lo que encuentran los practicantes? Estas prácticas formales (sobre la esterilla de yoga o un cojín de meditación) lo primero que hacen es cultivar la atención del practicante. Esta focalización es necesaria para que, más adelante, sea capaz de observar imparcialmente todos los fenómenos que surgen y se disuelven, las sensaciones o los objetos de la mente. Quienes estudian estas prácticas no solo las aprenden, sino que experimentan directamente que son más que sus pensamientos de preocupación o sus emociones intensas.

Esta espiritualidad individualizada no es religiosa. Aunque en la religión pueda haber prácticas espirituales, la espiritualidad es en sí misma un asunto personal y subjetivo. Peterson y Seligman afirman que la espiritualidad es universal y que tiene funciones intrapsíquicas. La espiritualidad hace referencia a creencias y prácticas que se basan en la convicción de que existe una dimensión trascendente (no física) de la vida. Y esta espiritualidad es lo que determina aquello a lo que las personas atribuyen un sentido y la forma en que mantienen sus relaciones.

Creo que la espiritualidad también implica ser valiente y estar dispuesto a aceptar un compromiso total con la vida y con tu entorno. Introducir la espiritualidad en tu vida significa que estás dispuesto a verte a ti mismo y a ver el mundo en su totalidad, que quieres ver la oscuridad y la luz, y que vas a relacionarte con ambos aspectos. Al igual que un fotógrafo aprovecha la mejor luz en sus fotos de paisajes, encendemos una luz en nuestro interior, a través del silencio y la concentración en nuestros paisajes interiores.

La espiritualidad no es solo el marco gracias al cual podemos comprender nuestra conciencia y nuestra existencia, sino una forma de comprometernos con la vida. Los críticos alegan que la espiritualidad se puede convertir en una muleta, o en una forma de exteriorizar situaciones dolorosas. Pero cuando la usamos con ese fin, somos culpables de hacer un *bypass* espiritual, término que acuñó John Welwood, en 1983. Este *bypass* se refiere a la tendencia de algunos buscadores de utilizar las prácticas espirituales y su interpretación para eludir las heridas psicológicas, los patrones de interacción, los pensamientos y las formas de manifestar los sentimientos, y por consiguiente, esquivar conductas no constructivas firmemente arraigadas.

Desde una perspectiva psicológica, abordar nuestra propia experiencia emocional, meditando y practicando la espiritualidad, es favorable para nuestra salud y es una buena forma de reconocer aquello sobre lo que sí podemos hacer algo. Refugiarnos en la espiritualidad es un modo de manejar nuestro sufrimiento. Cuando el dolor se vuelve insoportable, encontrar algo que sea superior a nosotros mismos siempre ayuda. Además, investigar sobre nuestro dolor, comprenderlo y contextualizarlo, de manera que podamos relacionarnos con él, es esencial para aliviar el sufrimiento.

Esto explica por qué hay tantas personas que se refugian en la espiritualidad. Recurrir a ella es como dar un paso atrás para alejarnos del ajetreo de la vida cotidiana. Nos permite observar nuestro propio caos mental o nuestros sentimientos de estar sobrepasados emocionalmente, y crea perspectiva al recordarnos que no somos nuestros pensamientos, recuerdos, emociones y cuerpo, sino mucho más que todo eso. Esta visión propicia que seamos compasivos con nosotros mismos y que nos cuidemos. Con el tiempo, experimentaremos introspecciones que nos parecerán dulces como gotas de miel, descubriremos el sentido de las cosas y se resolverán nuestros conflictos.

El poder de la salud mental y del bienestar emocional

Durante mis estudios y mis periodos de prácticas en hospitales, he compartido el *mindfulness* y el yoga consciente (es decir, meditación en movimiento) con varios grupos de pacientes. Estas técnicas eran complementarias a los programas multidisciplinarios de los tratamientos especializados de salud mental. Trabajé con grupos de pacientes internos que estaban ingresados por trastornos alimentarios, como la anorexia y la bulimia, y con pacientes externos que seguían programas para combatir el abuso de sustancias y las adicciones. Las intervenciones de los grupos eran piloto, y cada ronda se evaluaba mediante entrevistas semiestructuradas, anteriores y posteriores a cada intervención.

Los participantes informaron de lo siguiente:

- Les encantaba el ambiente del grupo y el hecho de que pudieran hacer algo juntos sin tener la obligación de compartir nada, a la vez que se los animaba a hacerlo, si así lo deseaban.
- Valoraban aprender los unos de los otros y escuchar las experiencias de la práctica de los demás participantes; esto les servía para relativizar sus propios sentimientos y experiencias.
- Les encantaba moverse. Los suaves movimientos de yoga y las respiraciones profundas siempre eran bienvenidos.
- Adoraban saber más sobre la respiración y el sistema nervioso, y disfrutaban sintiendo los efectos relajantes de la respiración profunda.
- Participar en estos grupos les animaba a poner en práctica pequeños cambios en el estilo de vida, como reducir el número de cigarrillos y prestar más atención al valor nutricional de los alimentos.

Podríamos resumir la conclusión general diciendo que estas sesiones grupales fueron evaluadas positivamente, tanto por pacientes internos como externos, como parte de su tratamiento psiquiátrico.

A medida que la popularidad del yoga y del *mindfulness* ha ido experimentando un vertiginoso aumento en las últimas décadas, el volumen de investigaciones sobre estos temas también se ha incrementado sustancialmente. Para mí el yoga es meditación en movimiento. El yoga consciente es la secuencia lenta y fluida de posturas realizadas al ritmo de una respiración tranquila, y la observación e indagación sobre lo que se está experimentando y sintiendo durante la práctica. Esta observación e indagación son partes esenciales de la práctica desde una perspectiva neurológica (más sobre este tema en el capítulo cuatro). Gracias a las múltiples investigaciones sobre el *mindfulness* y el yoga, actualmente existe mucha información sobre lo que funciona y lo que no funciona, cómo y por qué. El lenguaje científico empleado en esta investigación es funcional, tanto como lo es el de nuestras prácticas terapéuticas, y puede calmar las mentes críticas occidentales. Pero la esencia es esta: vemos que la comunidad científica occidental confirma la sabiduría de las prácticas orientales (derivadas de las tradiciones místicas) de un modo muy concreto.

Ahora se acepta plenamente que estas prácticas son beneficiosas para la salud física y mental, y que pueden contribuir en los planes de tratamiento, aliviar muchos síntomas y dolencias y ayudar en el proceso de curación. Algunos efectos se atribuyen muy específicamente a métodos de práctica concretos, mientras que otros no es tan fácil vincularlos directamente con ninguno en particular.

A continuación resumo brevemente varios efectos (en modo alguno se trata de un intento de abarcar toda la gama de investigaciones que se han realizado):

Las prácticas de la sabiduría perenne tienen un valor psicoeducativo. Podemos aprender sobre nosotros mismos y sobre nuestra mente mediante su práctica, puesto que la filosofía subyacente de esas prácticas promueve la aceptación de la inquietud interior, de la lucha emocional y del padecimiento mental. Mediante su focalización en la bondad hacia uno mismo, crean habilidades en los practicantes para que estos puedan afrontar sus conflictos interiores y se convierten en herramientas a nuestro alcance en el camino de la curación. Pueden llegar a muchas personas: son transculturales y transrreligiosas, y lo abarcan todo; por consiguiente, son válidas para todos los seres humanos. Además, son prácticas experienciales, que nos enseñan a ser conscientes de las sensaciones relacionadas con varios fenómenos, a medida que surgen y cambian de estado e intensidad. Nos muestran que podemos acallar nuestra mente y cambiar nuestro foco de atención interior a nuestro antojo. Esto nos incita a adoptar una perspectiva más amplia y nos permite experimentar que somos más que nuestras sensaciones físicas, nuestros pensamientos y nuestras emociones.

Cambios de estilo de vida y cuidar de uno mismo. Existe una clara diferencia entre los efectos a corto y largo plazo del conjunto de ejercicios que son considerados prácticas formales de meditación. Este conjunto incluye toda la gama de prácticas yóguicas: asanas, ejercicios de concentración, meditación y respiración, esta última conocida como *pranayama*. Puesto que la mayoría de estas prácticas se han llevado a cabo en *estudios de eficacia* (¿funciona y en qué grado?), todavía queda mucho por hacer en lo que respecta a los efectos longitudinales, es decir, revisar los efectos y factores en el transcurso de periodos de tiempo más largos. Los estudios de por vida, por ejemplo, y los que abarcan varias generaciones no son muy frecuentes. Una cosa sabemos sobre los efectos a largo plazo de una práctica espiritual o yóguica, y tiene que ver con grandes cambios, a menudo importantes, en el estilo de vida. El yoga y el *mindfulness* han demostrado que inspiran a las personas a reconsiderar sus elecciones de estilo de vida y a responsabilizarse a cambiar su forma de actuar en lo que respecta a su salud personal. Por lo tanto, consideramos que el yoga y el *mindfulness* son prácticas saludables. En general, se produce una ampliación de la conciencia de lo que favorece nuestra salud y lo que no. Mejora nuestra habilidad de reconocer nuestros patrones de pensamiento y de expresar las emociones y nuestra conducta. Todavía no se ha investigado lo suficiente el grado en que somos capaces de pasar a la acción e integrar los cambios a largo plazo. Pero uno de los cambios más destacados, al menos a corto plazo, es el *dietético*. Los practicantes suelen comer de un modo más saludable y hacer dietas más vegetarianas. También se puede observar que hacen más ejercicio con regularidad, ya que incorporan en su rutina el *movimiento*, a través de las secuencias de posturas de yoga, y eso tiene un efecto en el fortalecimiento y la flexibilidad de los músculos y en la salud del tejido profundo y del conjuntivo, y de las articulaciones en general. Los efectos de los ejercicios respiratorios o *pranayama* sirven para tonificar el sistema nervioso. Se ha demostrado que este trabajo respiratorio profundo hace que las personas reduzcan su consumo de tabaco o, incluso, abandonen el hábito por completo. De hecho, ayuda a reducir el consumo de cualquier sustancia tóxica. Una práctica regular, a largo plazo, promueve una variedad de cambios de estilo de vida positivos, nos hace ser conscientes de nuestro cuerpo y de nuestra mente y favorece la elección de cosas más saludables que nos benefician en nuestro día a día.

Contraindicaciones para la práctica. Es importante que maticemos este tema de los beneficios del yoga y del *mindfulness*, porque muchas veces se recomiendan, erróneamente, para la mayoría de los males que padecemos. Estas prácticas no siempre son recomendables cuando se padecen trastornos mentales. Aunque el yoga sea bueno para el cuerpo y la mente, no hemos de dar por hecho que beneficie a todos por igual. Y aunque todo tipo de yoga contiene elementos del *mindfulness* (que es la práctica de prestar atención a todo lo que surge y sucede en el momento presente, con ternura y comprensión, para que cese la voz crítica interior), ¡no siempre que elegimos algún tipo de yoga lo hacemos conscientemente! Por ejemplo, el *ashtanga vinyasa* yoga *no* está recomendado para los que padecen trastornos alimentarios, debido a que podría desencadenar una conducta ritualista y perfeccionista muy arraigada. Asimismo, el *yin* yoga y la meditación *mindfulness* no se suelen recomendar a las personas con trastornos depresivos graves. Para quienes no conozcan estos tipos de yoga, el *ashtanga* yoga es una práctica en movimiento, dinámica y vigorosa, mientras que el *yin* yoga y la meditación *mindfulness* son prácticas que invitan al silencio y nos conducen a explorar nuestro paisaje interior, mucho más que las prácticas dinámicas. Estas últimas suelen requerir más instrucciones y exigen que la atención del practicante se centre en el momento presente, al contrario que las prácticas silenciosas, que dejan al practicante a merced de su mente divagante. Las silenciosas no siempre son aconsejables para quienes se pasan la vida dándoles vueltas a los pensamientos y a las emociones, como suele suceder en los episodios depresivos graves. Para más información sobre contraindicaciones, lee «Las recetas para el bienestar», en el último capítulo (página 239), o participa en uno de mis entrenamientos.

El cerebro y el sistema nervioso. Las investigaciones han demostrado que la meditación aumenta la materia gris del cerebro y reduce los ventrículos, o cavidades donde se produce el líquido cefalorraquídeo. Estas cavidades son relativamente grandes en cerebros que han estado expuestos a años de enfermedades y trastornos mentales, y relativamente pequeñas en practicantes de meditación. Estos descubrimientos son fascinantes, pues confirman que estas prácticas estimulan la neuroplasticidad, es decir, la capacidad de desarrollo y regeneración del cerebro. Otros estudios demuestran que se produce un aumento de los neurotransmisores positivos, que son los responsables de los efectos positivos del yoga sobre los estados de ánimo y la ansiedad. Y aunque no podamos afirmar que la meditación o el yoga puedan tratar los trastornos del estado de ánimo por sí solos, sí podemos asegurar que estas prácticas reducen los niveles de malestar relacionados con la ansiedad. Algunos estudios también prueban que las técnicas del *mindfulness* favorecen la tolerancia y la regulación emocional, algo que nos beneficia al reforzar los mecanismos para afrontar las situaciones y para manejar el estrés. Muchos estudios, además, demuestran que dichas prácticas favorecen una baja variabilidad de la frecuencia cardiaca (VFC), lo cual incrementa la tonificación parasimpática y relaja al practicante. Los que hayáis practicado yoga o *mindfulness* estaréis familiarizados con el brillo que se irradia después de la práctica. Concretamente, es la respiración la que se encarga de la activación del sistema nervioso, hasta el extremo de que se estabiliza la VFC. La respiración yóguica profunda y lenta, o la respiración diafragmática con espiraciones prolongadas, también se ha demostrado que tonifica el *nervio vago* y, por consiguiente, estimula el sistema parasimpático. Esto significa que podemos frenar nuestro sistema de alarma interior que activa el estrés. La respiración estimula el nervio vago, y este reduce nuestro sistema de respuesta al estrés. La teoría polivagal fue formulada por Stephen Porges, por si quieres más información al respecto. Si estás más interesado en la práctica, te recomiendo la aplicación The Breathing App (es gratuita) para la respiración de resonancia, creada por el yogui Eddie Stern, el conocido maestro en *mindfulness* Deepak Chopra y el músico

Moby (entre otros). También encontrarás una práctica de respiración sencilla, al final del capítulo siguiente.

He mencionado los efectos específicos del método, pero ¿qué sucede con los no específicos? Existen varios de estos factores, difíciles de controlar en los estudios de las prácticas que acabo de mencionar, y que no obstante pueden repercutir en el resultado. Estoy utilizando terminología de Bruce Wampold y de su trabajo en psicoterapia, pero me parece que es oportuna e importante. Ejemplos de factores no específicos son las *habilidades* del maestro que imparte las prácticas (su forma de encarnar y transmitir la experiencia, la *calidad de la relación* entre el maestro y el alumno/practicante); la *actitud abierta* por ambas partes (el interés y el respeto parecen ser de suma importancia); la *motivación* del alumno/practicante, y el grado en que este *cree* en el método. Para reivindicar tu chispa interior es imprescindible que reconozcas lo que *tú* puedes hacer por ti mismo, pues esto aumentará los beneficios de dichas prácticas. Solo tú sabes en qué medida crees en estos métodos; no obstante, el hecho de que estés sentado leyendo este libro probablemente sea un signo de que algo crees. En lo que respecta a la *motivación*, que es un tema complejo y delicado, lo trataré con más detalle en el capítulo seis.

Cuando hablamos de las investigaciones sobre las prácticas de meditación y el yoga, se nos presenta un reto por la magnitud de este tema. Las prácticas son variadas y se basan en una serie de escuelas filosóficas; abarcan millares de técnicas, desde meditaciones sin movimiento hasta postraciones, sudoríferos saludos al sol en mallas que imitan piel de leopardo, técnicas respiratorias verdaderamente difíciles, ayunos, códigos éticos, etcétera. Los estudios suelen ser sobre prácticas contemporáneas de movimiento, concentración y técnicas respiratorias de diferentes fuentes. Sin embargo, la fuerza de estos estudios se ve limitada debido al reducido tamaño de los grupos en los que se pueden realizar. Por lo tanto, traducir sus conclusiones en generalizaciones podría resultar prematuro. Igualmente, los programas y estudios a corto plazo puede que no nos aporten tanta información como nos gustaría sobre los efectos a largo plazo. Aun así, dado que en la última década hemos observado un gran incremento en este campo de investigación, estoy convencida de que están de camino más estudios que aportarán resultados fascinantes.

Por experiencia propia y gracias al creciente número de investigaciones, no me cabe la menor duda de que el yoga y el *mindfulness* suponen una inmensa contribución en la aplicación de las diversas intervenciones generales que contribuyen a un mayor bienestar emocional y salud integral. Soy muy partidaria de introducir el yoga y el *mindfulness* en el ámbito de los servicios de salud pública, y me encantaría ver que los profesionales de la salud lo incluyen en sus *prescripciones verdes* como método preventivo y de recuperación. Pero también me gustaría ver profesores de meditación y terapeutas de yoga participando en equipos multidisciplinares para el tratamiento de las enfermedades mentales. Con un poco de suerte, en el futuro, estas prácticas experienciales también se compartirán en las prisiones y escuelas, y pasarán a ser un elemento indispensable del plan de estudios.

No obstante, es imposible tratar la salud individual sin indagar en la realidad del entorno inmediato de la persona. Y aunque estas técnicas puedan proporcionar alivio a corto plazo, no son una solución permanente. Su verdadera fuerza consiste en su poder para motivar al practicante a realizar cambios en su estilo de vida y servirle de soporte mientras aúna capacidad de acción y trabaja para lograr una existencia diaria más equilibrada. Estas prácticas confieren mucho poder personal. Lo más interesante de las investigaciones sobre el yoga y el *mindfulness* es que ponen de manifiesto que no son las prácticas en sí mismas lo que propicia el cambio, sino el hecho de que *cambian la actitud del practicante*, que posteriormente efectúa el cambio.

Sobre la paciencia

Para poner fin a una lucha, lo cual implica un proceso, es esencial tener en cuenta la paciencia. Cuando inicio un viaje terapéutico con mis pacientes, siempre los insto a tener paciencia. Les pregunto si están dispuestos a ir paso a paso. Si se comprometen a recibir ayuda, a ser guiados, la paciencia es el primer paso hacia la compasión hacia uno mismo. Como vimos en el capítulo anterior, la compasión o la bondad se pueden cultivar. Tal vez resulte contradictorio, porque cuando nos enfrentamos a momentos difíciles, solemos estar impacientes. Es evidente que deseamos que desaparezca el dolor o el malestar, queremos encontrarnos bien al instante, estar cómodos (de nuevo).

No obstante, no tiene sentido forzar nada, la paciencia es la clave. Volveré a este tema en la segunda parte, y mencionaré exactamente cómo podemos ampliar nuestras habilidades de la paciencia.

Por el momento, plantéate esta pregunta: *¿estás dispuesto a comprometerte* en este proceso de ordenar tu caos interno y reclamar tu chispa interior?

INCENTIVO PARA ACTUAR
Conecta contigo mismo

Práctica de concentración

Este incentivo para actuar es una invitación a conectar contigo mismo en este momento. No siempre es fácil; tal vez te encuentres con algo que no esperabas u observes algo que no deseabas, pero es útil. Contempla este ejercicio como una especie de abrazo, como si fuera un viejo amigo que te saluda y te pregunta cómo te va en estos momentos.

Este ejercicio te llevará de cinco a diez minutos, aunque puedes dedicarle hasta treinta, si te apetece. Te permite conectar contigo mismo, aquí y ahora, en cuerpo, mente, corazón y respiración. Puedes realizar esta práctica todos los días o siempre que necesites conectar contigo.

1. **TOMA ASIENTO:** siéntate cómodamente. Busca un buen apoyo para la zona lumbar, las caderas y las rodillas. Te invito a que

conectes contigo mismo, aquí y ahora, en cuerpo, mente, corazón y respiración.

2. **EL CUERPO:** primero recorre tu cuerpo con tu atención durante unos momentos. Desde el lugar donde los isquiones y las piernas conectan con el suelo (cojín, suelo o silla) hasta la parte superior de tu cuerpo y la coronilla. Quizás también puedas sentir las caras posterior y frontal de tu cuerpo.

3. **LA RESPIRACIÓN:** ahora traslada tu atención a la respiración. ¿Puedes sentirla en este momento? ¿Puedes sentir la entrada y salida del aire por la nariz? Durante unos momentos, siente la calidad de tu respiración, aquí y ahora.

4. **LA MENTE:** lleva tu atención más hacia dentro, hacia el movimiento de tus pensamientos. No prestes especial atención a ningún pensamiento o idea específicos, procura observar tu estado mental en estos momentos, como si estuvieras contemplando el fluir de un río que pasa por tu lado.

5. **LAS EMOCIONES:** mientras estás aquí sentado conectando con tu yo interior, tal vez observes emociones que flotan o surgen y desaparecen. ¿Puedes observar el grado de intensidad de estas emociones? Procura no involucrarte en sus particularidades o dejarte llevar por ellas, pero intenta observar si son agradables, desagradables o algo intermedio.

6. **REGRESA AL CUERPO:** siente tu respiración. Siente la inspiración y la espiración, pasando por tus orificios nasales. Siente cómo recorre tu cuerpo. Siente tu cuerpo. La cara posterior y anterior. Desde las piernas y los isquiones hasta la coronilla.

7. **REGRESA:** haz un par de respiraciones profundas. Cuando estés a punto, abre los ojos.

8. **REFLEXIONA:** dedica unos momentos a indagar, escribe unas cuantas palabras clave que hayan surgido durante este ejercicio. Cada vez que lo hagas, puede que observes algo diferente.

Ve a la siguiente práctica de observación sobre cómo atar los cabos de tu experiencia e integrar lo que has hecho.

OBSERVACIÓN
Integración

Práctica para atar cabos

Al hacer el ejercicio anterior:

- ¿Has observado algo respecto a tu respiración? Por ejemplo: el ritmo. La profundidad. Algún cambio en su calidad. La diferencia entre inspiración y espiración. Te ruego que lo describas.

- ¿Has observado algo en tu cuerpo o relacionado con las sensaciones corporales? Por ejemplo: una sensación más intensa. Comodidad o incomodidad. Una zona pequeña de tu cuerpo reclama toda tu atención, o una zona amplia. Sensaciones diferentes, algunas sutiles, otras obvias. Punzadas, cosquilleos o cambios de temperatura. Te ruego que lo describas.

- ¿Has observado algo en tu estado o actividad mental? Por ejemplo: pensamientos que se mueven más rápido o más despacio. Una idea, pensamiento o situación que exige tu atención. Muchos pensamientos, quizás desordenados o de inquietud. ¿Has observado un cambio en tu capacidad de concentración o atención? ¿Tienes la mente más clara o más espesa? Te ruego que lo describas.

- ¿Has observado algo en tus emociones, actuales, emergentes y pasajeras? Por ejemplo: ¿te has fijado en alguna emoción o emociones? ¿Has notado si afloraban emociones y eran transitorias? ¿Se desvanecían? ¿Tal vez te has dado cuenta de la intensidad de las emociones, de si eran más fuertes o más ligeras? Te ruego que lo describas.

Recuerda, intenta no analizar tus respuestas, procura no explicar de dónde surgen las sensaciones o por qué surgen. Solo observa qué sientes.

En «Las recetas para el bienestar» (página 239), lee la que corresponde a la _paciencia_, en el último capítulo del libro, donde especifico la función, la dosis y las contraindicaciones.

CAPÍTULO 3

¿Qué es la chispa interior?

Valorar las fluctuaciones

Vagabundo. De valles y grandes bosques. De montañas majestuosas y lagos profundos. De la tierra de los mil soles y las mil lunas. De las luces danzarinas del norte. De los océanos de hielo, con vida en todos los colores del arcoíris. De la oscuridad estrellada y de las tormentas silenciosas. De los interminables días de verano. De esta poderosa naturaleza. Perteneces a ese lugar. Eres ese lugar. Eres polvo de estrellas, como todo lo que hay en ella. No eres su amo. No es para tu esparcimiento. Puedes visitarla. Participar. Humildemente. Observar cómo surge y desaparece todo. Las estaciones. La luz. Los seres. Tú.

Las fluctuaciones

Al haberme criado en el círculo polar ártico, donde la naturaleza es inmensa y el tiempo poderoso, no me fue difícil tener la experiencia de que era un ser diminuto, dentro de un contexto mucho mayor, y estar tan expuesta a esa naturaleza influyó en que me planteara algunas preguntas serias en una etapa temprana de mi vida. Preguntas existenciales como «¿cuál es nuestro propósito en la tierra?» y «¿qué es Dios?» surgían en mi mente, mientras estaba tumbada en el suelo noruego cubierto de musgo, contemplando la inmensidad de los cielos del Norte. Estas preguntas fueron evolucionando con el tiempo y se transformaron en un profundo deseo de entender cómo funcionan los seres humanos. Decidí estudiar Psicología, la ciencia que estudia al animal humano. Asistí a cursos sobre una amplia variedad de temas, desde psicología social, neuropsicología, anatomía y funcionamiento del cerebro hasta psicología organizativa y procesos grupales, psicología clínica y el tratamiento de enfermedades y trastornos. Paralelamente, me dedicaba a aprender prácticas espirituales, que abarcaban desde las tradiciones religiosas de mi infancia hasta el misticismo de la filosofía del yoga y la simplicidad budista. Todo esto me condujo a descubrir *qué era la chispa interior*.

La vida no es fácil y nos arroja a las fluctuantes mareas de la tranquilidad y la agitación. Hay momentos en que la intensidad del dolor provocado por los retos de la vida aumenta de tal modo que se convierte en una presencia crónica de sufrimiento emocional o mental. Hace miles de años, los yoguis descubrieron que existe una salida a este padecimiento; para ellos la mente obsesiva es lo que nos esclaviza y nos provoca este estado. La forma de salir de esta prisión es observar tu mente o los fenómenos que en ella se producen, en el mismo momento en que surgen y desaparecen. Cuando lo ponemos en práctica, nos damos cuenta de que existe una fluctuación de todos estos estados, y que todos los sufrimientos evolucionan, y al final, los trascendemos. También descubrimos que la única manera de afrontarlos no es huyendo de ellos, sino asumiendo que hemos de estar en contacto directo con todo lo que va surgiendo. Hemos de tolerar lo que aparece, a fin de superarlo. Sin aceptación no hay superación. El secreto está en no evitar la autenticidad de nuestra experiencia.

El conejo y el universo

Tengo dos hijos pequeños, y he de decir que el dolor de dar a luz fue algo que jamás hubiera podido imaginar. No obstante, su nacimiento también supuso una de las experiencias más constructivas y de vivir el momento presente que he tenido. Me sentí impotente porque me daba cuenta de que no había nada que pudiera hacer, mi cuerpo sabía lo que hacía. El parto trascendía la mente, ¡era un tipo de magia instintiva!

El proceso de desarrollo de mi primogénito durante su primera infancia me tenía fascinada. Cuando lo miraba a los ojos, experimentaba la sensación de estar viendo el universo a través de ellos. Al mirarlo a los ojos (en la etapa en la que todavía estaba desarrollando la vista, en la que solo podía percibir los contrastes de mi cara cerca de él), me imaginaba que estaba *directamente conectado* con el aquí y el ahora, tal y como cualquier meditador adulto desea estarlo. Me recordaba una historia, que leí de adolescente, del filósofo noruego Jostein Gaarder. El cuento es más o menos como sigue (puede que le haya añadido algún detalle para recalcar mi punto): imagina un conejo grande y peludo flotando por el universo. Los bebés nacen en la punta del pelo del conejo, contemplan el universo directamente con sus ojos. Están completamente conectados. Durante su aprendizaje de los sonidos, las palabras y su significado, como medio para empezar a crear emociones y pensamientos, en ese proceso de conocer lo que es el tiempo y el espacio, empieza el condicionamiento de su cerebro humano. Paulatinamente, cuanto más aprende el niño, más se adentra gateando en el pelaje del animal. De la lactancia, pasa a la primera infancia, después a la niñez, y por último a la adolescencia. Cuando llega a adulto, ya habrá llegado a la cálida raíz del pelaje del conejo y se habrá asentado junto a su cuerpo, donde la vida es cómoda, predecible y segura.

Esta historia ilustra la razón por la que cuando somos adultos nuestra mente es menos flexible que cuando nacemos, y cómo nos condiciona nuestra educación. Lo que conocemos nos resulta familiar y, por consiguiente, lo percibimos como predecible. No importa si lo que conocemos nos sirve o no, si es bueno para nosotros o perjudicial para nuestra salud. Lo que importa es que es familiar y predecible, lo cual siempre será nuestra preferencia. Esto es porque desde una perspectiva evolutiva, lo conocido o predecible aumenta nuestras probabilidades de supervivencia. Por lo tanto, es difícil cambiar nuestra conducta. Pero no imposible, aunque primero hemos de reconocer que el cambio se ha de producir desde dentro. El cambio real exige, literalmente, un cambio en nuestra actividad química cerebral. Para que tenga lugar este cambio real y poderoso, ha de existir una motivación muy sincera y profunda.

Esto podría explicar la fascinación que ejercen las prácticas yóguicas, pues nos dan esperanza para salir de la zona de confort del pelaje del conejo y contemplar la conexión directa con el universo en su forma más pura. Regresaremos al tema de la predisposición al cambio en el capítulo seis.

El condicionamiento mental, por una parte, nos permite aprender, crecer, madurar y convertirnos en adultos independientes, y por la otra, es lo que hace que caigamos en la espiral invertida, que nos adentra en la seguridad del pelaje del conejo. La familiaridad de lo que es conocido y predecible nos hace creer que estamos prosperando. Las situaciones recurrentes nos mantienen en una zona de confort neuroquímica. Incluso aunque nuestros hábitos u opiniones ya no nos sean útiles, nos seguiremos aferrando a ellos, para que las sustancias químicas cerebrales continúen activándose, tal y como estamos acostumbrados. Hasta que un día, de pronto, sucede lo inevitable. Nos ocurre algo inesperado, algo nuevo que nos incomoda. Esto activa nuestro sistema de alarma y notamos que tenemos una respuesta de estrés. ¡Es una buena señal! Significa que tus mecanismos de defensa funcionan. Sin embargo, en algunos casos, los desencadenantes son demasiado intensos, y en tales situaciones puede que sintamos que nos hemos quedado paralizados, en lugar de movernos o responder. Cuando se activa nuestra respuesta al estrés, pueden suceder muchas cosas. En el peor de los casos, nos quedamos atrapados en la experiencia y nos aferramos a ella como si fuera auténtica.

Uno de los principales signos de esa paralización es el miedo. Cuando nos asusta algo nuevo o tenemos miedo de que nuestros sentimientos no sean correctos, empezamos a creer que algo ha de cambiar. Entonces, nos quedamos atrapados en un círculo vicioso, por las fuerzas del deseo y de la aversión. Empezamos a dar vueltas, cada vez más rápido, la garra del malestar nos asfixia y se vuelve más y más intensa. Resistimos más y más, quizás, hasta desesperadamente. Y nuestra sensación de parálisis va en aumento. De hecho, estamos atrapados en el temor de tener que abandonar el pelo del conejo. Nos asusta pensar en lo que puede suceder si nos deshacemos de lo conocido. Hemos de abandonar los patrones condicionados, que son el resultado de nuestra educación, hemos de dejar ir los patrones emocionales de nuestra conducta. Pero esto es traumático, porque abandonar lo conocido implica adentrarnos en lo desconocido. Esto es impredecible, y desde nuestra perspectiva instintiva, posiblemente peligroso. Llegar justo a la punta del pelo nos parece el peor escenario posible, porque está muy alejado de nuestra zona de confort. ¿O qué sucedería si nos desengancháramos totalmente del pelaje del conejo y nos quedáramos flotando en el espacio vacío que se encuentra fuera de él? Este es nuestro miedo primordial: la no existencia.

Desde una perspectiva evolutiva, instintivamente tendemos a aferrarnos a lo que nos es familiar y conocido, y puede que esto sea lo que ha mantenido viva a nuestra especie, en el transcurso del tiempo. Pero el mundo ya no es lo que era, no necesitamos nuestros instintos cavernícolas como antaño. Detectar situaciones de lucha o huida y el resto de habilidades en las que nuestro cerebro y nuestro sistema nervioso han destacado ya no es útil para nuestro estilo de vida europeo-occidental. Es evidente que ahora necesitamos otro tipo de habilidades muy distintas que las que usábamos cuando teníamos que luchar para sobrevivir en la jungla. Actualmente, nuestro sistema sensorial está casi siempre expuesto a nuevos estímulos a una escala casi inimaginable, está detonando constantemente. La capacidad para gestionar las emociones es más importante que nunca. Para salir de nuestros conflictos emocionales hemos de sacar a la luz y examinar las emociones difíciles, y aprender a encarnarlas y a tolerarlas. Además de entendernos a nosotros mismos, hemos de pulir nuestro don de gentes, esforzarnos en comprender a los demás, si queremos sobrevivir felizmente en este mundo superpoblado y socialmente conectado.

Las cualidades del ser y el bienestar

Yo hago una diferencia entre lo que denomino *cualidades del ser* y el bienestar. Estas cualidades vienen determinadas por la intensidad de los estados emocionales que experimentamos, y se reflejan en nuestra capacidad de funcionamiento: a nivel psicológico, físico y social.

Por ejemplo, muchas personas quieren saber cómo liberarse de sus conflictos internos. Para responder a esta pregunta hemos de saber qué es lo que necesitamos y cuándo, en lo que respecta a nuestro estado de salud mental y funcionamiento en general. Para entender mejor estas necesidades, he diseñado un modelo y una visión general descriptiva de nuestras cualidades del ser, respecto a la intensidad de la dificultad experimentada.

Una cosa es segura, y es que la vida nos presenta retos. Es útil concentrarse en los conflictos emocionales y la salud mental de este modelo, puesto que es lo que, la mayoría de las veces, motiva a las personas a recurrir a las enseñanzas de la sabiduría oriental. Se sienten atraídas por el hecho de que estas prácticas les aseguran que las ayudarán a trascender el sufrimiento y a encontrar y conservar la paz. Las cualidades del ser van desde *sukkha* ('dicha', en pali) hasta *dukkha* ('sufrimiento', en pali), según mencionan las enseñanzas budistas del *dharma*.* O lo que es lo mismo, desde la tranquilidad hasta la agitación, pasando por la enfermedad y el trastorno.

La ilustración que viene a continuación muestra las cualidades del ser y sus similitudes con la ventana de la tolerancia, según se aplica en la teoría del trauma. La ventana de la tolerancia se refiere al estado de tranquilidad en el que somos capaces de autorregularnos bien, de actuar con inteligencia, y en el que nuestro cerebro es capaz de tomar decisiones basándose en la información. A medida que los factores de estrés intensos u otros síntomas más preocupantes aumentan, actuamos con menor pericia y nos desconectamos de las partes del cerebro que son responsables de esa toma de decisiones informada. Esto nos afecta en muchos niveles, no solo en el plano emocional. Perdemos la facultad de controlar nuestro sistema nervioso, e incluso nuestro sistema endocrino (donde las

---

* Palabra sánscrita que se utiliza en diferentes doctrinas orientales, como el hinduismo, el budismo, el jainismo y el sijismo. No tiene un sentido único, sino múltiples connotaciones; la más importante es la de «ley y orden cósmicos», pero en el budismo también se utiliza para referirse a las enseñanzas del Buda (Nota de la T.).

hormonas mantienen la homeostasis) puede verse afectado y alterado. Los detonantes pueden proceder de sustancias químicas, medioambientales (incluidas las relacionales) o físicas. Sean cuales fueren las razones para esta alteración, la expresión de cada cualidad del ser parece afectar a la totalidad de nuestros sistemas corporales.

Este modelo muestra claramente cuándo podemos beneficiarnos más de las enseñanzas de la sabiduría perenne. Por supuesto, todo aquel que esté interesado puede practicar y, como he dicho, hay múltiples beneficios psicoeducativos en estas prácticas. No obstante, cuanto mayor sea la intensidad del síntoma, más difícil será la práctica. Esta es la razón por la que las investigaciones sobre la eficacia clínica de estas prácticas apuntan básicamente a las fases de prevención y recuperación.

Cada cualidad del ser se define por la intensidad y la presencia de los síntomas. Los síntomas de alta intensidad provocan una reducción significativa de nuestro rendimiento diario, y la presencia de síntomas preocupantes puede trastocar el pensamiento y la conducta, hasta el extremo de que cuidar de uno mismo y de la propia salud resulte imposible. En este modelo, la *tranquilidad* es la forma suprema de bienestar, y el *trastorno*, la peor. Este bienestar se manifiesta en la capacidad de una persona para atender sus necesidades básicas, como su higiene personal, alimentación, un lugar para vivir, ropa, etcétera. El dolor o el sufrimiento pueden impedir que alguien vaya a trabajar o a la escuela, o que tenga una vida social. No es raro que también le altere el sueño y los hábitos alimentarios. En los casos donde la presencia de estos síntomas o sufrimiento es tan fuerte hablamos de trastorno, que implica que la presencia y expresión del dolor es de carácter más crónico. Es posible fluctuar entre estas expresiones de bienestar en la vida, y su frecuencia e intensidad dependerán de nuestros genes, recursos personales y el entorno social en que nos criemos.

Estas son las distintas cualidades del ser, en el orden en que las experimentamos y en el grado en que nos afectan en nuestro funcionamiento:

TRANQUILIDAD: un estado de bienestar, domina la satisfacción. *Sukkha* —la dicha— te ofrece un suave velo y te permite ver el mundo y a ti mismo con una mirada compasiva. Puedes participar plenamente en actividades y conductas que promueven la salud. Puedes diferenciar entre lo que te es útil y lo que no lo es, y actuar en consecuencia.

MALESTAR: un estado del ser en el que se afirma la interrupción del bienestar, debido a que los intervalos homeostáticos no están del todo equilibrados. Pueden producirse alteraciones del sueño o del apetito, o una sensación de desequilibrio general. Se empiezan a presentar síntomas, como el pensamiento obsesivo y la ansiedad, especialmente cuando estás cansado o falto de energía. Siempre se tiene la sensación de estar desbordado. Los niveles generales de rendimiento empiezan a decrecer. Pierdes capacidad para elegir conductas y marcar límites que te ayuden.

ENFERMEDAD: los síntomas se vuelven más frecuentes y tu nivel general de rendimiento (en el trabajo, en la escuela o en tu vida social) han disminuido notablemente. Pasas largos periodos de tiempo en los que sientes que no eres la persona normal y fuerte que eras, no rindes como te gustaría, *dukkha* te tiene en sus garras. La ansiedad es omnipresente y densa, siempre sientes miedo, y puede que hasta tengas ataques de pánico. La espiral del pensamiento obsesivo se acelera y te arrastra a las oscuras profundidades de la duda, te falta iniciativa, tienes sentimientos contradictorios y no encuentras sentido a las cosas.

TRASTORNO: los síntomas son crónicos y están siempre presentes. Hasta podemos creer que son rasgos propios de nuestra personalidad, patrones profundamente arraigados que afectan a nuestro funcionamiento cotidiano, quizás desde hace años (incluso desde la infancia o la juventud). La intensidad de los síntomas suele ser más o menos constante. La presión que experimentas es devastadora y la supervivencia es tu meta principal. Las causas pueden ser muchas, los detonantes variados, y todo lo que sucede parece afectar intensamente a tu vida y a tu facultad de vivir sin ayuda o soporte.

No cabe duda de que podemos aprender nuevas habilidades para soportar el dolor o los síntomas molestos, con mayor facilidad y menos sufrimiento. La neuroplasticidad confirma que podemos cambiar nuestra conducta, nuestra forma de pensar y la manera en que dejamos que la oscuridad interna de nuestras más tortuosas y difíciles emociones tenga su espacio. Y podemos pasar a la acción, dando un paso hacia delante, hacia una nueva forma de estar con nosotros mismos, con nuestro entorno y con nuestra manera de vivir en el mundo. Un proverbio budista nos da esperanza: «El dolor forma parte de la vida, el sufrimiento es opcional». Este es un esperanzador recordatorio de la verdad: podemos aprender a comprender y a aceptar el dolor y el conflicto emocional de otra forma. Tenemos la facultad de reconocer el dolor. No olvidemos que vivir de un modo más sostenible, con mayor satisfacción y bienestar es posible.

¿Qué es la chispa interior?

Ahora que ya hemos indagado dentro del pelaje del conejo, nos hemos dejado llevar por las fluctuaciones entre la tranquilidad y la agitación, y hemos imaginado que estamos en contacto directo con el momento actual y descubierto las cualidades del ser, ha llegado la hora de definir la chispa interior.

La chispa interior es tu propia esencia. Es un estado de bienestar creado por ti, mientras nadabas valerosamente por el lago de tu oscuridad interior. La chispa interior es donde residen tu propósito, esperanza y sentido. Es una cualidad de tu alma, o de tu esencia como persona. Es el lugar donde estamos fuera del alcance de los condicionamientos. Donde estamos en paz la mayoría de las veces. Conectamos con nuestra chispa interior cuando experimentamos emociones difíciles y etapas que nos ponen a prueba. Es en este movimiento, iniciado por nuestra propia capacidad de acción, donde se ilumina la trascendencia. Al sintonizar con nuestra oscuridad interior, prende la chispa. A medida que vamos alcanzando nuevos niveles de conciencia y vemos cómo actúan nuestros patrones de pensamiento y emociones, en nuestro cuerpo y en nuestra conducta, nos preparamos para elegir lo que más útil es para nosotros, ya sea en nuestras relaciones, en las situaciones o en las decisiones que tomamos para nuestro cuidado. Es *la voluntad constante de aceptarte plenamente* y de ver que eres mucho más que tus pensamientos, emociones y sensaciones aislados. Eres un mosaico de partes que están en constante movimiento, una unidad dinámica. La chispa interior es también la habilidad de mantener la unidad de todo tu ser con compasión, comprensión y tolerancia de todas aquellas partes que tal vez no te gusten demasiado. En los momentos en los que seas capaz de tolerar tu oscuridad, podrás verte con otros ojos.

Aceptar tus sentimientos más despiadados hacia ti mismo te conducirá a un estado de benevolencia.

La chispa interior es vivir con esta actitud de indulgencia, libre de los condicionamientos mentales. Para esto utilizaban los yoguis sus prácticas, con el fin de alcanzar esta *libertad total* y liberarse de la asfixiante influencia que los condicionamientos mentales ejercen sobre nosotros. (Sí, soy consciente de que esta expresión ha sido acuñada por los filósofos existencialistas, pero no voy a entrar en un debate sobre el *libre albedrío* en este libro). La psicoterapia contemporánea se basa en la misma creencia: nuestra calidad de vida mejora cuando aprendemos a actuar y a vivir sin nuestras ideas preconcebidas y creencias básicas. Podemos aprender a liberarnos de los pensamientos que surgen del miedo y de las conductas controladoras, que solo intentan acallar las emociones negativas. Este silenciamiento forzoso no hace más que reforzar los nocivos conflictos emocionales y es contraproducente. Las técnicas de la sabiduría perenne y de las escuelas de pensamiento lo saben desde hace siglos y se podrían considerar los principios de las ciencias cognitivas. La premisa de que podíamos autoliberarnos de nuestra propia percepción del mundo era revolucionaria en aquellos tiempos.

Cuando eres capaz de cultivar una salud mental y emocional integral y sólida a largo plazo, eso implica que has conectado con tu chispa interior. La capacidad de tolerancia, que te sirve para respetar tu propio espacio y el de tu corazón (es decir, emociones difíciles), y partiendo de esa base, respetar el de los demás.

¿Sabías que...

... hay cuatro elementos primordiales al definir lo que es una vida con sentido, según la periodista e investigadora de psicología positiva Emily Esfahani Smith? Su trabajo le ha revelado que una vida con sentido depende de la pertenencia, el propósito, la narración* y la trascendencia.

¿Qué necesitas para que brille tu chispa interior?

Cuando sentimos que en nuestra vida hay algo que tiene un sentido más profundo y que existe un equilibrio entre la tranquilidad y la agitación, es porque la dicha y la sensación de bienestar están presentes. Como vimos en el capítulo anterior, los humanos somos animales sociales. Prosperamos más en manada, pues el grupo aumenta nuestras probabilidades de supervivencia. La unión hace la fuerza, y las investigaciones confirman que nuestra salud se deteriora cuando nos sentimos solos. Sentir que pertenecemos a una manada, a un grupo, que tenemos nuestro papel o función dentro de una comunidad, o simplemente que tenemos a alguien cerca con quien compartir la vida, marca una gran diferencia en nuestra calidad de vida y en *la cualidad del ser*, algo que ya he tratado anteriormente en este capítulo. Tener relaciones significativas y una red

---

* Las historias que construimos sobre las causas que nos han llevado a ser como somos y por qué el mundo es como es.

social saludable puede ayudarnos mucho a avanzar hacia nuestra conexión con la chispa interior.

Y la primera persona con la que hemos de forjar una relación sólida y saludable es con nosotros mismos. La compasión hacia uno mismo y la autocomprensión nos ayudarán a desarrollar vínculos compasivos y emocionalmente saludables con los demás. La pertenencia implica significar algo para alguien; por consiguiente, nuestras relaciones afectan directamente a la calidad de nuestra existencia. Los pensamientos sobre cómo podemos llegar a importar a otra persona empiezan a desarrollarse en una etapa muy temprana de nuestra vida. La manera en que nuestros padres o cuidadores nos hacen de espejo, a través de sus respuestas emocionales, deja la impronta por la que nos guiaremos más adelante, cuando conozcamos a otras personas e interactuemos con ellas. Sienta las bases de nuestra confianza, de nuestra forma de interpretar a los demás, de nuestra conducta y respuesta, y de la postura que adoptamos en un grupo.

Otra señal de que nuestra chispa interior está brillando es que las experiencias que hemos vivido, por traumáticas que hayan sido, y los sentimientos que estas nos han despertado *a posteriori*, cobran sentido para nosotros. Al rehacer nuestro relato, si somos capaces de asociar los hechos para que formen parte de un momento crucial, si atamos cabos y podemos tener una visión global y conocer la historia general, dentro de la cual se encuentra la nuestra, las piezas de nuestra vida empiezan a encajar y descubrimos su significado. Tal vez descubramos algo que concuerda con nuestros valores o tengamos revelaciones sobre nuestra comprensión y conocimiento de nosotros mismos. Cuando hemos atado todos los cabos dentro de la totalidad, entendemos la historia de nuestra identidad y nuestra experiencia. Sentir que nuestras vivencias tienen una razón de ser, no solo en nuestra vida, sino como seres humanos, nos tranquiliza. Los movimientos espirituales modernos pueden ayudarnos a descubrir este tipo de pensamiento y forma de vernos a nosotros mismos. También pueden enseñarnos que saber cómo nos sentimos o qué estamos experimentando no es una experiencia separada o fragmentada, sino profundamente humana. Esto nos reconforta, porque nos confirma que lo que estamos viviendo o hemos vivido forma parte de la experiencia de todo ser humano. Nos damos cuenta de que no nos pasa nada malo. Ya no nos sentimos alejados o separados de los demás. Por otra parte, cuando nos consideramos anormales o creemos que nuestra experiencia es diferente de la de los demás, nos apartamos y nos aislamos, al menos mentalmente. El proceso de desconectar de nuestro entorno empieza con ese pensamiento. Sentirse desconectado crea más inquietud. Un enfoque más potente es reconocer cuándo caes en patrones de separación, y contrarrestarlos con pensamientos de unificación.

No cabe duda de que la tranquilidad y el bienestar son imprescindibles para conectar con tu chispa interior. Pero incluso en los momentos difíciles, creo que encontrar la paz en pleno conflicto depende de nosotros. Esto significa que la chispa interior está siempre a nuestro alcance, incluso cuando tengamos dudas al respecto. Pasar del conflicto emocional a la chispa interior requiere que hagamos una transición, o como también podríamos decir, que trascendamos de un estado (agitación) al otro (tranquilidad). Esto supone un cambio importante en nuestra visión e implica el contexto de percepción de significado que he mencionado. Este tipo de cambio se produce cuando hemos recopilado suficientes gotas de revelaciones en nuestro frasco de miel. ¿Cómo y dónde encontramos estas gotas de miel? Aceptando la oscuridad del conflicto emocional. Como dirían mis maestros de Spirit Rock: sentándote con ello. Ten el coraje de sentarte a solas, con todo tu dolor. No te conviertas en ello. No dejes que te supere. Deja que se manifieste y que pase. Retenlo. Suavemente. Y te sumergirás en el momento y en el estado de *flow*,* como lo definió Mihály Csíkszentmihályi. Puedes encontrar *flow* hasta en el conflicto, cuando estás totalmente inmerso en lo que estás haciendo, como estar sentado con tu dolor sin oponer resistencia.

Estar sentado de este modo en el malestar requiere su práctica, por supuesto. No puedes aprender las técnicas rápidamente en un curso por Internet y pretender que tu sufrimiento o conflicto emocional pertenezcan al pasado. Pero, afortunadamente, una vez que hayas aprendido el método, la liberación estará a tu alcance. Es como ir en bicicleta: una vez que has aprendido, no se te olvida nunca. Con estos nuevos conocimientos y perspicacia, cuando llegan los tiempos difíciles o el malestar empieza a

---

* Voz inglesa que significa 'fluir'. También conocido como «la zona», en psicología es el estado que alcanza un individuo cuando está totalmente centrado en el disfrute de lo que está haciendo, en el que pierde la noción del tiempo y de su propia identidad. El psicólogo M. Csíkzentmihályi fue quien acuñó este concepto. (Nota de la T.).

hacer mella en ti, eres capaz de reconocerlo e, inmediatamente, tienes a tu disposición herramientas muy potentes con las que afrontar la situación. Si quieres empezar a sentarte con tu dolor y malestar, lo primero que has de hacer es concentrar tu atención (concentración en un punto). Luego, has de aprender a meditar. Y por último, con todo esto, aprenderás a aceptar todo lo que surja con atención plena, tratándote a ti mismo con compasión. Simple y amablemente, puedes convertirte en el observador y en el receptor de todo lo que esté presente en ese momento.

Por nuestro interior corre una extraordinaria fuerza vital. Esta fuerza nos impulsa hacia delante cuando nos enfrentamos a los retos de nuestra vida. A medida que vamos superando nuestras dificultades, vamos creando resiliencia emocional y mental. Nos convertimos en los amos de nuestra vida, y experimentamos nuestra maestría en pequeñas victorias, o quizás no tan pequeñas, como ser capaces de estar sentados con nuestro dolor. Ser los amos de nuestro destino y nuestra vida, y las victorias contra los días oscuros aumentan nuestra resiliencia, y esto refuerza la luz de la chispa interior. Una práctica no nos inmunizará ante los conflictos emocionales; hemos de aprender a aceptarlos como parte de nuestra naturaleza humana y de esta hermosa existencia. Pero nuestra práctica espiritual nos ayudará a afrontar todas las áreas de la vida con confianza. Nos refuerza haciéndonos más flexibles y más espontáneos, estando más a gusto, siendo más cariñosos con nosotros mismos y más compasivos con los demás. Esta maestría es el umbral mágico de la trascendencia y se puede sentir en el momento en que lo que antes era desconocido y nos parecía inalcanzable se vuelve familiar y alcanzable.

La vida es un viaje maravilloso, en el que descubrimos nuestros condicionamientos mentales. Empezamos a reconocerlos cuando nos acercamos al borde de nuestras zonas de confort, y al intentar superarlos, espontáneamente, encontramos formas más ligeras de existencia. Unas veces lo conseguimos, otras no. Sea como fuere, aliarnos con nuestra oscuridad interior nos prepara para ser un ejemplo de benevolencia, comprensión y compasión ante cualquier situación, y en ese espacio es donde podemos encarnar toda nuestra grandeza. Podemos vivir desde nuestra chispa interior.

INCENTIVO PARA ACTUAR
Siente tu respiración

Práctica sencilla de respiración

En este incentivo para actuar te invito a conectar directamente con tu respiración. «El aire de la materia del espíritu, la energía vital, donde reside el alma y vive en la forma terrenal del cuerpo físico». Las investigaciones demuestran que de todas las prácticas, tanto de meditación como de yoga, la respiración es la más eficaz para calmar la respuesta al estrés del sistema nervioso. Si se practica con regularidad, la respiración consciente puede ayudarte a encontrar la serenidad en la agitación.

Este ejercicio es una herramienta increíble para ayudarnos a concentrarnos, especialmente cuando nuestro estado mental es caótico e inestable. La práctica regular te ayudará a estabilizarte y centrarte, y supondrá una pausa suave para el cuerpo y el corazón, cuando las cosas empiezan a ponerse difíciles y a abrumarte. Considéralo una forma de mantener el tono de tu resistencia emocional. No es recomendable que practiques cuando notes que estás entrando en un ataque de pánico, es mejor hacerlo cuando estés calmado para aumentar tu resiliencia.

1. **TOMA ASIENTO:** busca un lugar cómodo para sentarte, aunque si lo prefieres, puedes estar de pie. En ese caso, adopta una postura cómoda y estable.

2. **INTERIORÍZATE:** si quieres, puedes cerrar los ojos, o fijar la mirada en un punto, sin forzarla.

3. **CÉNTRATE:** después de asentarte en tu postura, haz un par de respiraciones profundas.

4. **OBSERVA LA RESPIRACIÓN:** ahora, céntrate en la respiración. ¿Puedes sentir tu respiración en este momento? ¿Notas su calidad? Por ejemplo, ¿notas el ritmo de la inspiración y de la espiración? ¿Tal vez difieren en cuanto a longitud y profundidad? ¿Puedes observar como el aire se mueve por sí solo, sin necesitar ninguna otra cosa, saliendo y entrando de tus fosas nasales?

5. *ANAPANASATI:* repetición silenciosa. Mientras respiras repite mentalmente: «Estoy inspirando. Estoy espirando. Inspirar. Espirar». Hazlo siguiendo el ritmo de tu respiración natural, sin intentar controlarla. Focaliza por completo tu atención en la respiración: «Entra. Sale. Entra. Sale».

6. **RESPIRACIÓN DE RESONANCIA:** si lo prefieres puedes contar al inspirar y al espirar; por ejemplo, cuenta hasta cuatro al inspirar y hasta seis al espirar, o cuenta al inspirar y espira en el tiempo que gustes (siguiendo tu ritmo interno durante la cuenta). Hazlo durante cinco o diez minutos.

7. **VUELVE:** ahora, vuelve a centrar tu atención en tu cuerpo. Obsérvalo por completo, desde los pies hasta la coronilla. Observa la cara anterior y posterior de tu cuerpo.

8. **ABRE LOS OJOS:** haz un par de respiraciones profundas. Si tenías los ojos cerrados, ábrelos poco a poco.

OBSERVACIÓN
Integración

Práctica para atar cabos

Al hacer el ejercicio anterior:

- ¿Has observado algo respecto a tu respiración? Por ejemplo: el ritmo. La profundidad. Algún cambio en su calidad. Diferencias entre la inspiración y la espiración. Te ruego que lo describas.
- ¿Has observado algo en tu cuerpo o relacionado con las sensaciones corporales? Por ejemplo: una sensación más intensa. Comodidad o incomodidad. Una zona pequeña de tu cuerpo reclama toda tu atención, o una zona amplia. Sensaciones diferentes, algunas sutiles, otras obvias. Punzadas, cosquilleos o cambios de temperatura. Te ruego que lo describas.

- ¿Has observado algo en tu estado o actividad mental? Por ejemplo: pensamientos que se mueven más rápido o más despacio. Una idea, pensamiento o situación que exige tu atención. Muchos pensamientos, quizás desordenados o de inquietud. ¿Has observado un cambio en tu capacidad de concentración o atención? ¿Tienes la mente más clara o más espesa? Te ruego que lo describas.

- ¿Has observado algo en tus emociones, actuales, emergentes y pasajeras? Por ejemplo: ¿te has fijado en alguna emoción o emociones? ¿Has notado si afloraban emociones y eran transitorias? ¿Se desvanecían? ¿Tal vez te has dado cuenta de la intensidad de las emociones, de si eran más fuertes o más ligeras? Te ruego que lo describas.

Recuerda, intenta no analizar tus respuestas, procura no explicar de dónde surgen las sensaciones o por qué surgen. Solo observa qué sientes.

En «Las recetas para el bienestar» (página 239), lee la que corresponde a la *paciencia*, en el último capítulo del libro, donde especifico la función, la dosis y las contraindicaciones.

Segunda parte: ACLARAR

Recopila tus revelaciones

Contémplate en tu plenitud, sé valiente

CAPÍTULO 4

El cambio

Ya no deseas lo mismo y por qué

Como seres vivos encarnados en esta red de la existencia, el único camino hacia la felicidad es romper los condicionamientos mentales. Por el contrario, estamos atrapados en transformar nuestra percepción de las experiencias en una creencia de la realidad: es lo que en la filosofía del yoga se conoce como ilusión o maya. Cada vez que atravesamos momentos difíciles, nos enfrentamos a maya, el espejismo que nos oculta la realidad. Podemos aprender a ver esto como una oportunidad para liberarnos de nuestros condicionamientos y experimentar el mundo de otro modo y con mayor veracidad.

La integración

En la primera parte, la *normalización*, revisamos el contexto de nuestra vida: nuestro presente y nuestra era, con sus valores, normas y perspectivas específicos, y la forma en que contribuyen a los trastornos mentales, la enfermedad o, simplemente, el malestar; y también vimos que las enseñanzas de la sabiduría perenne, como el yoga, el *mindfulness* y las prácticas para cultivar la compasión, promueven el bienestar emocional y pueden ser útiles para manejar el malestar o estados más graves. Hemos visto qué era la chispa interior y descubierto que, en realidad, es una parte de nosotros que está siempre presente, aunque, en tiempos difíciles, puede que quede oculta. Ahora, en la segunda parte, *aclarar*, te invito a que indagues sobre ti mismo y consigas ver tu situación actual desde otra perspectiva. En esta fase de aclaración, das los primeros pasos hacia el desarme de tu conflicto.

Cuando estamos atrapados en conflictos emocionales, a menudo adoptamos la visión de túnel; esto significa que tenemos una visión muy estrecha y limitada de la situación. Desde un punto de vista evolutivo, esto se conoce como el principio de la escasez. Es nuestra reacción biológica natural ante la escasez de recursos, y el sistema de alarma interior es el que la desencadena. Se produce la activación simpática del sistema nervioso para garantizar nuestro compromiso, y nuestra atención se centra en los recursos que nos faltan. Esta es la razón por la que permanecemos en el bucle de los pensamientos repetitivos, le damos vueltas y vueltas a un mismo tema. Simplemente, se trata de nuestro sistema nervioso y del principio de escasez en modo de acción plena, intentando ayudarnos a conseguir lo que nos falta. Cuando nos obsesionamos con algo sentimos que estamos estancados, solo pensamos en lo que no podemos tener, por ejemplo, comida, una relación, más amigos, más dinero, más bienestar, menos estrés, más tiempo, etcétera. El dicho popular de «aquello que tememos se multiplica» es cierto, y podemos comprobarlo en los neurotransmisores y el sistema nervioso, que afectarán a nuestro rendimiento físico y psicológico general. Esto es justamente lo opuesto a ese sentido de *flow* que deseamos, la inmersión positiva espontánea que describía Csíkszentmihályi.

A lo único a que aspiramos es a que el cuerpo se sienta integrado en la mente, y a disfrutar de una experiencia completa y amable del ser. Queremos que nuestra mente, el río de los pensamientos y de la acción de pensar, y nuestro corazón, es decir, nuestras emociones, estén en paz y armonía. Queremos saber cómo nos sentimos respecto a estar vivos, a nosotros mismos, a los demás y al mundo en que vivimos, para estar tranquilos y cómodos. Sin embargo, sentimos dolor y pensamos que lo que estamos viendo es lo que nos hace daño, creemos que conocemos al culpable. Es normal que queramos librarnos de los sentimientos que nos provoca la enfermedad, la sensación de estar desconectados o de fragmentación entre cuerpo, mente y corazón. Sin embargo, este anhelo de estar en armonía, conectados y experimentar la plenitud solo intensifica el sufrimiento.

Tal como se recomienda en las meditaciones basadas en el *mindfulness*: «Regresa siempre al cuerpo. Al aquí y ahora. A lo que está presente y vivo dentro de ti, en este momento. Regresa siempre al cuerpo».

Un paciente llamado Peter vino a mi consulta con problemas de ansiedad y ataques de pánico. Se describía como una persona que había padecido ansiedad desde niño; sin embargo, no había sentido ninguna discriminación social por este hecho. Había encontrado estrategias para manejar su ansiedad, como confiar en su reducido grupo de amigos de la infancia. Cuando se hizo adulto recurrió al alcohol para socializar. Aunque nunca se excedió en su consumo, sentía que en los actos sociales siempre necesitaba una bebida. Se había convertido en un hombre de negocios con éxito hasta que un día, de pronto, tuvo que ingresar en las urgencias de un hospital, con tan solo veintiocho años, porque presentaba una sintomatología de infarto de miocardio. Después de una revisión completa, no le encontraron nada, y le diagnosticaron arritmia cardiaca, dolor torácico y respiración superficial debido al estrés. La doctora le recomendó que pidiera hora con un psicoterapeuta. Cuando se presentó en mi consulta, ya había sufrido una serie de ataques de pánico, y se había dado cuenta de que estos episodios eran realmente ataques de ansiedad y que no ponían en riesgo su vida.

Los ataques de pánico, evidentemente, eran muy desagradables. Para las personas que no sepan lo que es, quien lo padece experimenta como si su organismo le estuviera fallando, tiene la aterradora sensación de que se va a desmayar o, lo que es peor, a morir. Nuestro sistema de alarma físico durante un ataque de pánico actúa como cuando padecemos un ataque de hipo importante, no se detiene así como así. Te está indicando que estás en una situación de grave peligro, cuando en realidad no existe ninguno. Podríamos decir que un ataque de pánico nos está demostrando que nuestro sistema de alarma interno funciona bien. La parte engañosa de todo esto es que cuando has tenido uno, es muy probable que tengas otro (tanto si este miedo es consciente como inconsciente, suele estar presente). Existe la ansiedad ante la posibilidad de tener ansiedad y el temor de que tu cuerpo te vuelva a fallar.

Otro miedo muy común entre las personas con este problema es que les suceda delante de otros y que este fallo físico y mental de falta de integración funcional sea evidente para todos. Este miedo está vinculado a una vergüenza profunda. El pensamiento de que otros crean que están locos puede llegar a paralizarlos. Les preocupa que los demás piensen que han perdido la cabeza y que no tienen control sobre sí mismos.

Estos pensamientos y la vergüenza relacionada con ellos son nocivos y, paradójicamente, son un juego incesante que se está ejecutando en nuestra mente. La ansiedad que esto crea nos tiene presos en el bucle de la activación innecesaria del sistema de alarma.

Peter se había dado cuenta de que los incidentes de malestar extremo que experimentaba eran, en realidad, ataques de ansiedad, así que cuando vino a tratamiento, el principal escollo ya había sido eliminado. No obstante, tardó su tiempo en aceptar que esos ataques no desaparecerían por sí solos. Lo único que quería era que su cuerpo estuviera de su parte, que colaborara con el resto de él. A medida que empezamos a descubrir y aclarar qué era lo que desencadenaba los ataques y aumentaba su conciencia de cómo se expresaban los síntomas, la ansiedad se fue volviendo más familiar y predecible. Poco a poco, fue perdiendo intensidad, y con ello, su poder sobre él.

¿Sabías que...

... prácticas como la respiración profunda alivian los síntomas de la ansiedad y pueden prevenir las recaídas? Son intervenciones seguras y de umbral bajo, y aunque es mejor aprenderlas de un profesor titulado, son sencillas y aptas para ser practicadas sin ayuda. Estas técnicas se han de aprender y cultivar cuando no haya síntomas (o estén remitiendo). No se recomienda que centres tu atención en tus sensaciones internas cuando notes que empiezas a sentir ansiedad. Además de las prácticas de respiración (a las que me he referido en el capítulo tres), hay muchas técnicas informales de *mindfulness* a las que puedes recurrir, cuando notes que empieza a aparecer la ansiedad. Puede que te apetezca salir a dar un paseo consciente o hacer una pausa prestando toda tu atención a tus tareas domésticas; en vez de darles vueltas a tus pensamientos, puedes elegir darle todo tu apoyo y atención a otra persona, por ejemplo. ¡Revisa las ocho recetas para el bienestar del último capítulo! Los efectos de estas técnicas informales te servirán para reconocer cuándo están apareciendo los síntomas de la ansiedad y su correspondiente presión, y a reforzar tu habilidad para no dejarte abrumar por ellos. Te ayudarán a entender la naturaleza de la agitación, como un ir y venir natural de sensaciones, a pesar de la incomodidad que te ocasiona. Te recomiendo que integres las prácticas de *mindfulness* en tu rutina diaria. De esta manera aprenderás a cabalgar las olas de tus síntomas con mayor destreza.

Cuando sentimos ansiedad, no es fácil reconocer que en realidad somos seres integrados y completos. Los factores externos no nos dejan ver con claridad. «Si esta persona pudiera hacer esto». «Si mi situación fuera como yo quiero...». «Si mi vida fuera distinta...». «Cuando consiga esto, entonces...». «Si no tuviera que pagar tantas facturas...». «Si ganara más dinero...». Y así sucesivamente. Nos parece que el mundo exterior es el responsable de la situación incómoda en la que nos encontramos. Y nos gustaría liberarnos de todo eso. ¿No hemos oído esto muchas veces? Déjalo correr. Un sencillo y sumamente poderoso acto de liberación. ¿Por qué no nos deshacemos de esa mierda? Bien, aunque el acto de dejar correr algo pueda parecer sencillo, o incluso lo sea, lo verdaderamente difícil es todo el trabajo que has de hacer antes de conseguirlo. En el capítulo seis, hablaré más sobre dejar ir. Pero por ahora lo que importa es que te des cuenta de que, mientras intentas soltar tu carga, es probable que empieces a juzgarte, y esto te enfrentará, cara a cara, con tu crítico interior. Los velos de la falta de confianza en ti mismo, de la autocrítica y del sentimiento de inseguridad son una pesada carga, y suponen un acto de evitación que, a la larga, no te ayudará. En realidad, lo que necesitas es lo contrario, y en este caso, es la *integración*.

En los momentos de luchas internas estamos atrapados en los opuestos: tal vez, por miedo a perder el control, recurramos a conductas controladoras exageradas. Nos concentramos principalmente en lo que no queremos y lo que deseamos cambiar, pero nos cuesta mucho romper con los viejos hábitos. Anhelamos ser libres, pero queremos controlar todo lo que podría sorprendernos. Es una de las grandes paradojas de estar vivo: podemos ser nuestro mejor amigo y nuestro peor enemigo, a la vez. No somos capaces de ver que son nuestros pensamientos los que echan leña al fuego del conflicto. Y está bien porque, como he dicho antes, la verdadera práctica es ser paciente contigo mismo en tiempos difíciles; eso te prepara para seguir avanzando. Es fácil sucumbir a la autocrítica y a las diferencias, al sentimiento de culpa y juzgar; por desgracia, suelen ser más comunes que la comprensión y la aceptación. No es fácil ser compasivo contigo mismo y conseguir aceptar el hecho de que te sientes fragmentado. Como no lo es ser comprensivo con tus luchas interiores, ver y reconocer las emociones difíciles presentes y *hacerte amigo de tu oscuridad interior* en ese momento. Son pasos francamente difíciles, pero esenciales, y te acercarán a la integración.

Aunque sepas que no quieres conflictos, probablemente desconozcas cómo ponerles fin. Empecemos por lo que sabes. Sabes que quieres que tu vida o tus circunstancias sean distintas. Puede que tengas las ideas claras de lo que quieres para ti, y probablemente también las tengas respecto a lo que no quieres. Este conocimiento es, en realidad, un incentivo para actuar. Nos invita a que hagamos un repaso. La finalidad del ejercicio siguiente es que hagas una descripción de ti mismo, lo más detallada posible, que refleje tu situación actual. Descubre qué es lo que puede estar ocasionando tu sensación de estancamiento y qué es lo que te resulta difícil en estos momentos. En este ejercicio te centrarás en lo que no quieres y por qué.

INCENTIVO PARA ACTUAR
Consigue más claridad: descubre qué es lo que NO quieres

Práctica de escritura

Conseguir mayor claridad es una forma de acercarte al impulso de la chispa interior y de la integración. Este paso es para que tomes conciencia y reconozcas totalmente aquello que deseas alejar de tu vida. Describe con tus propias palabras cómo se manifiestan, en ti y en tu vida actual, tus conflictos emocionales o tu ansiedad. Antes de que empieces a decantarte hacia lo que deseas, tienes que tener claro lo que quieres cambiar. ¿Qué necesitas que sea distinto para ser feliz?

En este proceso de adquirir claridad conociendo lo que no quieres, te voy a ofrecer una meditación escrita. Te animo a que describas esta etapa difícil que estás pasando en estos momentos, lo mejor que puedas. Para hallar claridad, te pido que indagues en tus conflictos: ¿cómo se expresan en ti, en tu cuerpo, tu mente y tu corazón? ¿Y qué efecto tienen en tu vida cotidiana?

Este ejercicio consta de tres pasos. Reserva un mínimo de treinta a sesenta minutos. Necesitarás: un cojín para meditar, una manta para taparte, papel y lápiz.

PASO 1: CONTEMPLACIÓN SILENCIOSA/CONÉCTATE

1. Elige un lugar tranquilo donde puedas hacer el ejercicio. Busca un lugar cómodo para sentarte. Reduce las distracciones y ruidos a tu alrededor, pon el móvil en silencio (o en otra habitación).

2. Dirige tu mirada suavemente hacia el suelo, o bien cierra los ojos si estás más cómodo.

3. En los diez minutos siguientes, observa cualquier cosa que pase por tu mente, todo lo que aparezca y desaparezca en tu estado de atención. Tanto si es un recuerdo del pasado como una fantasía o preocupación por el futuro, una idea o pensamientos singulares que se te presenten de pronto, simplemente observa lo que surge. Intenta no analizar, comprender o cambiar nada que aparezca en este estado, y tampoco te resistas a ello. Confía en que lo estás haciendo correctamente. Observa tu mente de libre asociación, en este preciso momento.

4. La finalidad de este ejercicio es simplemente observar cualquier cosa que aparezca en tu foco, y verla pasar, a la espera de que algo nuevo capte tu atención. No has de centrarte en nada en particular. Tan solo siéntate y observa lo que sucede en tu interior.

5. Para salir de esta práctica sedente, haz tres respiraciones profundas, inspira y espira a fondo, antes de abrir suavemente los ojos y regresar a la habitación.

PASO 2: ESCRITURA ESPONTÁNEA: ¿QUÉ ES LO QUE NO QUIERES?

1. Siéntate cómodamente con papel y lápiz cerca de ti. Prepárate para ver cómo se plasma en el papel la montaña rusa (o lento fluir) de pensamientos, emociones y sensaciones corporales que descubres cuando meditas. Prepárate para conocer tus movimientos interiores y darles la bienvenida.

2. Este ejercicio es una extensión de tu contemplación silenciosa y está pensado para conectarte con el fluir espontáneo de palabras que crean tu paisaje interior. Como en el ejercicio anterior, observarás los movimientos mentales que aparecen

en el foco de tu atención. Pero esta vez, deja que la punta de tu lápiz sea el foco y que todo lo que surja pase del lápiz al papel.

3. Concédete de quince a treinta minutos. Deja que las palabras se transcriban al papel directamente, conecta con el río de los movimientos interiores.

4. Escribe todo lo que esté relacionado con tu lucha interior o ansiedad. ¿Dónde duele? ¿Cuál es el conflicto? ¿Qué es lo que no estás dispuesto a sentir? Procura responder a preguntas como estas: «¿Qué es lo que no quiero que esté en mi vida en este momento?», «¿Qué es lo que está creando el conflicto que siento?», «¿Cómo se expresa esta lucha en mi vida cotidiana?», «¿Cómo me afecta?», «¿Cuándo está más presente?», «¿Cómo interfiere en mi bienestar?», «¿Afecta a mi sueño o a mi apetito?», «¿Se manifiesta como cadenas específicas de pensamientos?». En ese caso, intenta escribirlas lo más detalladamente posible. ¿Cómo influye en tu estado de ánimo? ¿Cuánto tiempo hace que es así?

5. Cuando hayas terminado, lee lo que has escrito (si quieres). Al leerlo, hazlo con una actitud de *mindfulness*. Esto significa que lo hagas sin juzgar, solo asimila y observa las palabras. Siente los sentimientos que surgen mientras lees.

6. Resume lo que has escrito organizando tus descubrimientos en las siguientes frases:

- «Cuando me sucede esto o aquello... O cuando esta persona hace eso...».
- «Me hace pensar...».
- «Me hace sentir...».
- «Se expresa en mi cuerpo como...».
- «Me hace (describe la acción o conducta)...».

PASO 3: DESCONECTA

1. Sigue en silencio y regresa a la postura inicial. Concédete cinco minutos para desconectar de este ejercicio, antes de retomar tus actividades cotidianas.

2. Puedes cerrar los ojos si lo deseas. ¿Qué observas ahora? ¿Cómo te sientes? ¿Qué notas todavía, después de haber escrito todo esto? Observa qué predomina en tus pensamientos, tus sentimientos y tu cuerpo en estos momentos. Permanece sentado en silencio un poco más.

3. Para terminar, haz unas pocas respiraciones profundas y regresa; abre los ojos cuando estés preparado.

Cultivar la tolerancia emocional

Ahora, que tienes más claro qué es lo que no deseas en tu vida, ha llegado el momento de descubrir qué deseas. No obstante, para ello tendrás que investigar cómo manifiestas esas partes de ti que no te gustan y cómo te relacionas con ellas. Te darás cuenta de que tu apego a esos aspectos y a la función que desempeñan (¡tienen una utilidad!) te dará la información que necesitas para dar el siguiente paso. Solemos manifestar nuestros aspectos oscuros o los que no nos gustan, de maneras específicas, porque forman parte de nuestra identidad. Son parte de nuestro relato personal. Tienen la función de reforzar la ilusión de quienes creemos que somos, en este cuerpo físico. Por lo tanto, el paso siguiente es desaprender lo que crees que sabes.

Los pensamientos típicos o las frases de tu relato podrían ser como sigue: «Lo único que sé es que duele mucho», «Solo sé una cosa y es que no quiero que mi vida sea así» o «Me desprecio por pensar de este modo. Por sentirme así. Y porque sigo pensando esto sobre mí, aunque no quiera. No puedo levantar el ánimo». De este modo, reconoces el esfuerzo, pero al mismo tiempo te estás resistiendo. Otra vez la paradoja: te resistes a lo que sientes y a lo que llevas dentro. Esto ni te ayuda ni pondrá fin a tu lucha interior. Intentar no sentir lo que tienes en tu interior, en realidad, es como fingir que no existe; no hará más que empeorar las cosas. Por el contrario, te recomiendo que reconozcas lo que tienes dentro; siéntelo: este es el verdadero trabajo que has de realizar. Revisaremos más a fondo el proceso mental de fabricar historias en capítulos posteriores.

Observar cómo respondemos a nuestros estados emocionales y cómo manifestamos nuestros sentimientos, especialmente los difíciles y los que nos causan malestar, es esencial para conocernos mejor y detectar dónde oponemos resistencia. Piensa en los sentimientos que hacen que contraigas el abdomen o sientas opresión en el pecho, o los que hacen que tus músculos de los hombros y del cuello estén tensos y se formen nudos. Todo esto son expresiones físicas de sentimientos desagradables. Las enseñanzas de la sabiduría perenne y las prácticas meditativas nos ayudan a crear resiliencia psicológica y emocional, y nos enseñan a enfrentarnos a nuestros sentimientos con *ecuanimidad*, incluso cuando nos hallemos «en el ojo de la tormenta». Esto no significa que seamos ignorantes o que intentemos evitar algo. Significa que hemos de estar presentes, que somos comprensivos, que estamos equilibrados. No reaccionamos con demasiada acción o intentamos controlar la situación, ni nos retiramos ni la evitamos. Por el contrario, observamos desde la ecuanimidad. Si hacemos esto, probablemente no acumularemos tanta tensión en el cuerpo, los músculos no crearán nudos. Permaneceremos tranquilos y no tendremos reacciones desproporcionadas.

Esto no significa que los meditadores avanzados no pierdan nunca el control y se pongan a gritar en un atasco de tráfico (lo hacen) o que no tengan otro tipo de reacciones desproporcionadas, pero cuando las cosas se ponen tensas, tienen más capacidad para recurrir a su sabiduría interior silenciosa y mostrar una respuesta más apropiada; esta es la clave para desbloquear su chispa interior. Como sabemos, estas prácticas favorecen la neuroplasticidad del cerebro, especialmente en las áreas relacionadas con la empatía y la compasión, y en las estructuras implicadas en la toma de decisiones conscientes. Por consiguiente, sabemos que somos capaces de enseñarnos nuevas estrategias para afrontar las situaciones. Las prácticas de meditación son estrategias y herramientas aptas para fomentar y aumentar nuestro bienestar emocional. Esto significa que cuanto más practiquemos, ya sea yoga u otras prácticas más formales del *mindfulness*, más entrenaremos nuestra capacidad de respuesta a nuestras propias emociones. Aprenderemos a construir un amortiguador y a convertirnos en testigos. Paulatinamente, entrenaremos a nuestro sistema nervioso para descansar más fácilmente y con más frecuencia, y para cultivar la resiliencia y la tolerancia. La práctica de la meditación estabiliza nuestro estado básico, el que tenemos por defecto, para que el sistema de alarma solo se active cuando sea necesario.

Solo sabremos si hemos hallado la verdadera ecuanimidad cuando hayan transcurrido muchos años de práctica meditativa o de yoga. No obstante, los efectos a corto plazo también están presentes, y nuestra práctica puede ayudarnos en el camino. Tendremos más curiosidad por nuestra propia manera de hacer las cosas, seremos menos reactivos, y tal vez eso nos ayude a ser más compasivos y menos críticos. Aceptar nuestros sentimientos y regular nuestras reacciones son competencias que no solo hemos de aprender, sino cultivar, puesto que nos ayudarán a crear resiliencia en los momentos de conflicto. Nos sirven para saber afrontar las emociones difíciles en un momento dado, y nos ayudan a manifestarlas en nuestro cuerpo, cuando se están produciendo. Estas respuestas físicas a las emociones son mecanismos neurobiológicos, pero, a pesar de todo, podemos aprender a autorregular la intensidad con la que se presentan. Esto es válido tanto para sentimientos positivos intensos como para los negativos. La autorregulación y ser capaces de asumir estos sentimientos implica que nos alejamos de conductas escapistas o de buscar distracciones nocivas para nosotros y para nuestra salud.

¿Sabías que...

... la salud emocional y el dominio de las competencias de la vida forman parte del programa educativo de la enseñanza primaria en Noruega? Esperemos que esto sirva a las futuras generaciones para que contemplen la salud mental desde una perspectiva más positiva. Estos avances se corresponden con el trabajo de Aaron Antonovski sobre la salutogénesis, donde se argumenta y se demuestra que concentrarse en actividades que apoyan el bienestar y la salud es beneficioso (contrariamente a la patogénesis, donde uno se concentra en los problemas y síntomas, una vez que se ha presentado la enfermedad o cuando está a punto de hacerlo). Como madre, pero también como psicóloga, me parece una gran noticia. Estoy convencida de que los niños tienen que aprender las nociones básicas respecto a la salud mental y emocional a una edad temprana, del mismo modo que aprenden sobre la salud física y los beneficios de hacer deporte, por ejemplo, en sus clases de educación física.

Nina vino a mi consulta porque creía que necesitaba ayuda con sus hábitos alimentarios y no se sentía a gusto en su cuerpo. A sus veintipocos años, era una estudiante universitaria con muchos recursos; no obstante, mientras sus amigas se divertían, ella sufría emocionalmente. Y me confesó que tampoco comía. Se dio cuenta de que tenía que tomarse más en serio su salud y se apuntó a clases de yoga. Pero eligió el *ashtanga vinyasa* yoga y su estricta práctica de seis días a la semana le había exacerbado su personalidad perfeccionista y excesivamente reactiva, en lugar de aportarle la tranquilidad y relajación que tanto necesitaba. Asimismo, estaba convencida de que su dieta, principalmente vegana, era el enfoque alimentario más saludable. Pero esta dieta se convirtió en la excusa perfecta para justificar sus hábitos alimentarios restrictivos y seguir con su alimentación desordenada. Llevaba muchos años luchando contra sus hábitos alimentarios. Empezó en la adolescencia —en esa época no estaba en forma y fue víctima de acoso escolar— y prosiguió durante el divorcio de sus padres. Pasó unos años difíciles, en los que fue incapaz de manifestar sus emociones de una manera controlada.

Cuando vino a verme, hacía un año que vivía sola, sacaba buenas notas en la universidad y por primera vez sentía que tenía algo de control sobre su vida. Sin embargo, ese sentimiento era ilusorio. En un intento infructuoso de controlar su caos interno y el torbellino de emociones que saturaba su organismo, había empezado a ser demasiado controladora, tanto en su forma de estudiar como en sus clases de yoga y en su alimentación. Planificaba y controlaba rigurosamente todos sus días. En el transcurso de nuestro trabajo terapéutico, se fue dando cuenta de que, en realidad, temía manifestar las emociones latentes que se ocultaban en su interior. Los sentimientos que guardaba en lo más profundo de su ser, como haber sido víctima de acoso o haberse sentido excluida por sus compañeros y menospreciada por las duras palabras que había tenido que soportar, tenían que salir a la luz. A eso había que sumar el inmenso dolor que le había quedado en el estómago desde el día en que sus padres les pidieron, a ella y a su hermano, que se sentaran para decirles que se iban a separar. Sintió que su mundo se hacía pedazos, pero lo mantuvo —al menos externamente— para proteger a sus padres. No quería ser una carga más para ellos durante su ruptura. Para acomodarse a la situación, se convirtió en la persona imprescindible para los demás, procurando ofrecer los mejores resultados en todo lo que se le pedía y ocultando siempre sus emociones, pero pagó un alto precio por ello, con el deterioro de su propia salud.

Sin embargo, esta estrategia le estaba comenzando a fallar. Empezó a estallar emocionalmente en cualquier momento: se ponía a llorar a mitad de una conferencia o se enfadaba con alguien que le estaba limpiando sus cosas. Su vida social era prácticamente inexistente, pues cada evento relacionado con la comida era impensable para ella. Y por si esto fuera poco, empezó a sacar malas notas. No rendía, porque solo pensaba en comida. Estaba muerta de hambre. No le servía lo que estaba haciendo y quería cambiar. Anhelaba ser más feliz y tener una vida más equilibrada, quería encontrarse bien, estar sana y conectada consigo misma. Aunque no estaba segura de querer renunciar a sus restricciones alimentarias, sí tenía claro que necesitaba un cambio. Pero lo más importante es que sabía que la vida podía ofrecerle más de lo que ella se estaba dando y quería experimentarlo. Quería disfrutar, relajarse y reír. Quería integrar las partes divertidas.

Con esta motivación, nos adentramos en la difícil tarea de analizar en profundidad los acontecimientos, las relaciones y las situaciones que la tenían esclavizada, y descubrimos que su narradora interior era la causante de su sufrimiento. También descubrimos conductas y pensamientos que estaba dispuesta a cambiar por otros más constructivos.

No hay atajos en la recuperación de un trastorno alimentario y es un proceso largo. Cada caso es único, y se ha de evaluar de forma individual para saber si es necesario algún tipo de intervención. Personalmente, recomiendo tratamientos multidisciplinares. Te ruego que hables con tu médico para obtener más información sobre los mejores lugares para tratarte en tu localidad.

¿Sabías que...

... nuestra proximidad a la naturaleza puede afectar a nuestro estado de salud mental más de lo que imaginamos y predecir cómo nos sentiremos en el futuro? Con la invasión urbanística hemos comprobado un aumento de los casos de enfermedades mentales. Y sabemos que vivir en áreas muy pobladas, paradójicamente, crea sentimientos de soledad. Igualmente, sabemos que vivir cerca de un entorno natural reduce nuestra agresividad y los trastornos por déficit de atención, a la vez que mejora la salud y la socialización. Todo esto son ingredientes esenciales que se encuentran en el estado de tranquilidad y bienestar. Conectar con la naturaleza revitaliza nuestro funcionamiento psicológico general. La teoría de restauración de la atención (ART, por sus siglas en inglés) afirma que la naturaleza desempeña un importante papel cuando se trata de superar la fatiga mental y nos demuestra que es curativa y relajante, lo cual, a su vez, nos permite gestionar mejor los conflictos y las relaciones sociales. Los estudios de la ART evidencian que estar cerca de la naturaleza baja nuestros niveles de agresividad y criminalidad. Además, la naturaleza mejora nuestro tiempo de atención y aumenta nuestra capacidad de concentración. Esto es interesante porque en la mayoría de los casos de deterioro de la salud mental, se pueden observar lapsus cognitivos, como la falta de atención. Esto nos aporta sólidas y potentes razones para pasar más tiempo en la naturaleza o conectando con ella (los invernaderos o los árboles de la ciudad también son naturaleza), como instrumento de prevención y recuperación, cuando nos enfrentamos a enfermedades emocionales y como parte del tratamiento de una enfermedad mental.

Cuando cumplí los dieciséis años, decidí no seguir con el *ballet* profesional; estaba convencida de que tenía genes franceses en mi linaje y me fui a estudiar un año a Francia, con mucho ánimo y entusiasmo. Resultó ser un año de confrontaciones en muchos aspectos. De haber ido a un instituto que contaba tan solo con unos cien alumnos, pasé a uno con tres mil, lo que supuso un cambio bastante notable. En fin, recuerdo un sábado por la tarde, cuando los estudiantes del intercambio estábamos por el centro paseando. Era un cálido día de primavera (para mí, como si fuera un cálido día de verano), había tiendas por todas partes, cafés encantadores y todo lo que uno pueda imaginar. Levanté la mirada al cielo, era azul. Pero no de un azul tan intenso como el de mi país. Y de pronto, todo me pareció muy extraño. Miré a mi alrededor. Había edificios de piedra por todas partes. Eran bellos, sí, pero no eran árboles. No se veían montañas. No había viento. De repente, sentí como si me faltara un brazo.

Nuestro triple cerebro

Después de haber profundizado en nuestra naturaleza interior y en cómo podemos reforzar nuestra tolerancia emocional a crear resistencia, de haber aprendido a experimentar nuestras emociones con ecuanimidad y de haber tratado todos los efectos de la naturaleza sobre nuestro bienestar, ha llegado la hora de ahondar en los mecanismos del cerebro. Entender cómo fluyen las principales vías de comunicación cerebrales, especialmente en lo que respecta a nuestro sistema de alarma interior, puede ayudarnos a ser más tolerantes con nosotros mismos.

El cerebro humano es fascinante. Para empezar, no se trata de *un* solo cerebro, sino ¡de tres! El triple cerebro se compone de lo que denominamos el cerebro reptiliano, el sistema límbico y el neocórtex.

El cerebro reptiliano se sitúa donde la columna se une al cráneo y es la puerta por la que pasa la mayor parte de la *información sensorial*. Esta parte del cerebro regula los sistemas homeostáticos y los órganos vitales. Por ejemplo, la frecuencia cardiaca, el ritmo respiratorio, la temperatura corporal, el sueño, el apetito y la sensación de seguridad y peligro. Actúa por instinto, lo que significa que es bastante compulsivo y rígido; no obstante, se expresa en un bello y sutil lenguaje de sensaciones corporales. Estas sensaciones se experimentan de tres formas: la *exterocepción* o la sensibilidad a los estímulos ajenos al cuerpo, la *interocepción* o la conciencia o sensibilidad a los estímulos dentro del cuerpo y la *propiocepción* o la percepción inconsciente del movimiento y de la orientación espacial, que surge de los estímulos internos del cuerpo. Las investigaciones han demostrado que en cuadros clínicos de depresión se puede producir una supresión de la conciencia corporal y una reducción de la sensibilidad a la interocepción.

El sistema límbico se refiere a las estructuras que aparecieron en los primeros mamíferos. Se sitúa en el centro del cerebro, casi en su núcleo. Se conoce comúnmente como la *sede emocional* y está implicado en la motivación, las emociones, el aprendizaje y las conductas. Aquí es donde emitimos los juicios de valor y donde se regula el principio de la escasez. Esta estructura es la responsable de nuestras cavilaciones respecto a nuestras relaciones y a nuestras interacciones. El sistema límbico es la sede del compromiso emocional y social.

El neocórtex es la capa más externa del córtex cerebral humano. Normalmente, cuando hablamos del córtex prefrontal nos estamos refiriendo a él, que está situado en la frente. El neocórtex es el responsable de las funciones cerebrales superiores, como la percepción sensorial y la generación de órdenes motoras, y de las cualidades intelectuales, la cognición, el lenguaje, el pensamiento abstracto, la lógica y la capacidad para poner en práctica las revelaciones interiores. El lenguaje de esta parte es verbal. La psicoterapia trabaja con el neocórtex —y según el enfoque que utilicemos, el cerebro emocional— y los aspectos de las relaciones y de la memoria, también están incluidos en esta parte del proceso terapéutico. En las enseñanzas de la sabiduría oriental, el *mindfulness* y las prácticas para cultivar la compasión trascienden el neocórtex y trabajan con el lenguaje, no solo de este último, sino también del sistema límbico (emociones) y del reptiliano (sensaciones corporales). Esta es una de las razones por las que estas prácticas, el yoga consciente y los ejercicios respiratorios son beneficiosos, cuando se integran en los planes de tratamiento de salud mental. Despiertan simultáneamente la conciencia corporal, la presencia emocional y la cognición, por lo que abarcan las tres partes del cerebro. Es un enfoque de unificación de todas las partes y se convierte en una experiencia integral.

El sistema nervioso regula la comunicación entre nuestros tres cerebros y el resto del cuerpo. El sistema nervioso autónomo se encarga de las conductas inconscientes, como la regulación de las funciones corporales que no controlan nuestros cerebros. Este sistema nervioso consta de dos partes principales, el sistema simpático y el parasimpático. El primero está conectado para activar nuestro sistema de estado de alerta y, si es necesario, nuestro mecanismo de lucha o huida. El segundo es nuestro mecanismo de descanso y está conectado con el nervio vago: el freno para el estado de lucha o huida. Cuando el nervio vago está equilibrado y tonificado, gozamos de un estado de tranquilidad, puesto que existe una conexión saludable entre el sistema límbico y el neocórtex. Esto nos permite tener interacciones emocionales y sociales de formas saludables y tomar decisiones con fundamento. Si el sistema nervioso simpático percibe un peligro potencial, puede neutralizarlo liberando sustancias neuroquímicas que nos conducirán a un estado de máxima alerta. Cuando sucede esto, se corta la comunicación entre el sistema límbico y el neocórtex, o se reduce o anula su poder, y se prioriza la supervivencia. Si la situación es demasiado peligrosa para luchar o huir, el nervio vago puede anular estas reacciones y activar la respuesta de la paralización a través del cerebro reptiliano. Esta es una respuesta muy frecuente en los supervivientes de experiencias traumáticas.

¿Recuerdas a Peter, que tenía ataques de pánico? Ahora puedes ver que su sistema nervioso simpático estaba en un estado de hiperexcitación, aunque no hubiera ningún peligro real para su vida, y que eso desactivaba la comunicación relajada con el neocórtex. El nervio vago tiene un tono bajo cuando se padece ansiedad, y por eso no podía recobrar su estado de tranquilidad. Utilizaba el alcohol para automedicarse, y este le proporcionaba un alivio temporal de la activación desmesurada del sistema simpático. Esto ilustra cómo puede beneficiarnos conocer las vías y las activaciones del sistema nervioso, y la forma en que este conocimiento, combinado con las técnicas de respiración yóguica y el trabajo de psicoterapia, puede ayudarnos a aliviar estados de ansiedad. Conectar las tres partes del cerebro es una manera de desarrollar poder personal.

La información fluye entre los tres cerebros, y la calidad de la comunicación depende de la salud de sus vías. Esta calidad se puede mejorar gracias a la neuroplasticidad, es decir, al hecho de que nuestro cerebro tiene la capacidad de desarrollarse, cambiar y reestructurarse constantemente. Pero si los senderos neuronales no se trabajan o estimulan, perderán su fuerza. Estas vías de comunicación pueden llegar a enmudecer y a reducir gravemente la interconexión entre los tres cerebros. Pero también podemos reforzarlas, a través del yoga, las prácticas para cultivar la compasión y el *mindfulness*, porque estas técnicas crean resiliencia e inducen a la relajación. El grado de apertura de estos senderos es decisivo, porque es lo que determinará con qué rapidez pasaremos de un modo reactivo a una mejor respuesta, con más conciencia y quizás hasta con mayor ecuanimidad. En esencia, de lo que se trata es de que para una comunicación fluida entre las tres partes del cerebro, necesitamos que el nervio vago esté tonificado. En estados de ansiedad, cuando la comunicación entre las partes del cerebro no es buena y el acceso al neurocórtex está cortado, el tono del nervio vago es débil.

Un nervio vago bien tonificado está directamente relacionado con lo que las prácticas de *mindfulness* consideran un estado de respuesta saludable (lo opuesto a llevar el piloto automático, donde no hay conciencia), y esto a su vez tiene como consecuencia que el sistema nervioso autónomo esté fuerte y participe el córtex prefrontal, lo cual permitirá que se produzca una respuesta calmada y adecuada a los factores de estrés. La meditación es excelente para reforzar esta conexión, tonificar el nervio vago y hacer que el sistema nervioso esté en sintonía y bien regulado. Si practicas meditación mientras estás en el estado de relajación, te resultará más fácil encontrar los frenos en los momentos difíciles, y tu tolerancia a los factores de estrés externos será mayor.

Comprender la psicología y la neurobiología subyacentes de tu respuesta al cambio puede ayudarte a ser más compasivo contigo mismo, cuando atraviesas etapas conflictivas. Recuérdate que necesitas un poco de tiempo para reforzar el nervio vago y recalibrar tu sistema nervioso. Lo conseguirás. A partir de este punto, ha llegado la hora del incentivo para actuar: saber qué es lo que más deseas en tu vida.

INCENTIVO PARA ACTUAR

Consigue más claridad: descubre qué es lo que QUIERES

Este ejercicio es el paso siguiente en tu proceso de superar el conflicto emocional, aclararte y acercarte al impulso de tu chispa interior. En el ejercicio anterior, revisaste todo lo que no querías en tu vida. Ahora, te invito a que descubras qué es lo que sí quieres. ¿Qué es lo que deseas conservar, o qué es lo que crees que puede serte más útil en estos momentos, y cómo quieres ver tu vida y tus circunstancias, ahora? Este ejercicio requiere valor y coraje. Piensa en el coraje, palabra francesa cuya raíz es coeur (que significa 'corazón'); ahora, has de ser totalmente sincero contigo mismo, pues estás a punto de empezar a tomar decisiones. No te preocupes. Al principio estas decisiones son solo sobre el papel. Te iré guiando por ellas a medida que vayas describiendo, con toda suerte de detalles, qué es lo que deseas que tenga más presencia en tu vida.

Igual que en el ejercicio anterior, hay tres pasos. Dedícale de treinta a sesenta minutos como mínimo. Necesitarás: un cojín para meditar, una manta para taparte, papel y lápiz.

PASO 1: CONTEMPLACIÓN SILENCIOSA

1. Elige un lugar tranquilo donde puedas hacer el ejercicio. Busca un lugar cómodo para sentarte. Reduce las distracciones y ruidos a tu alrededor, pon el móvil en silencio (o en otra habitación).

2. Dirige tu mirada suavemente hacia el suelo, o bien cierra los ojos si estás más cómodo.

3. En los diez minutos siguientes, observa cualquier cosa que pase por tu mente, todo lo que aparezca y desaparezca en tu estado de atención. Tanto si es un recuerdo del pasado como una fantasía o preocupación por el futuro, una idea o pensamientos singulares que se te presenten de pronto, simplemente observa lo que surge. Intenta no analizar, comprender o cambiar nada que aparezca en este estado, y tampoco te resistas a ello. Confía en que lo estás haciendo correctamente. Observa tu mente de libre asociación, en este preciso momento.

4. La finalidad de este ejercicio es simplemente observar cualquier cosa que aparezca en tu foco, y verla pasar, a la espera de que algo nuevo capte tu atención. No has de centrarte en nada en particular. Tan solo siéntate y observa lo que sucede en tu interior.

5. Para salir de esta práctica sedente, haz tres respiraciones profundas, inspira y espira a fondo, antes de abrir suavemente los ojos y regresar a la habitación.

PASO 2: ESCRITURA ESPONTÁNEA: ¿QUÉ ES LO QUE QUIERES?

1. Siéntate cómodamente con papel y lápiz cerca de ti. Prepárate para ver cómo se plasma en el papel la montaña rusa (o lento fluir) de pensamientos, emociones y sensaciones corporales que descubres cuando meditas. Prepárate para conocer tus movimientos interiores y darles la bienvenida.

2. Este ejercicio es una extensión de tu contemplación silenciosa y está pensado para conectarte con el fluir espontáneo de palabras que crean tu paisaje interior. Como en el ejercicio anterior, observarás los movimientos mentales que aparecen en el foco de tu atención. Pero esta vez, deja que la punta de tu lápiz sea el foco y que todo lo que surja pase del lápiz al papel.

3. Concédete de quince a treinta minutos. Deja que las palabras se transcriban al papel directamente, conecta con el río de los movimientos interiores.

4. Escribe todo lo que esté relacionado con tu estado de ánimo. Intenta responder a esta pregunta: «¿Qué es lo que quisiera que hubiera en mi vida ahora mismo?». Procura escribir sin que te condicionen las cuestiones prácticas, narra lo que deseas con el máximo detalle, como si todo fuera posible. ¿Deseas tener más tiempo? ¿Cómo lo emplearías? ¿Deseas tener más estabilidad económica? ¿De qué forma aportaría eso más confort a tu vida? ¿Deseas tener más salud? ¿De qué modo? ¿Y cómo te gustaría conseguirlo? ¿Deseas tener más pensamientos positivos? Escríbelo todo, especificando al máximo.

5. Cuando hayas terminado, lee lo que has escrito (si quieres). Al leerlo, hazlo con una actitud de *mindfulness*. Esto significa que lo hagas sin juzgar, solo asimila y observa las palabras. Siente los sentimientos que surgen mientras lees.

6. Resume lo que has escrito organizando tus descubrimientos en las siguientes frases:

- «Para sentirme más cómodo, deseo...».
- «Para sentirme más cómodo, deseo...».
- «Para sentirme más cómodo, deseo...».

PASO 3: DESCONECTA

1. Sigue en silencio y regresa a la postura inicial. Concédete cinco minutos para desconectar de este ejercicio, antes de retomar tus actividades cotidianas.

2. Puedes cerrar los ojos si lo deseas. ¿Qué observas ahora? ¿Cómo te sientes? ¿Qué notas todavía, después de haber escrito todo esto? Observa qué predomina en tus pensamientos, tus sentimientos y tu cuerpo en estos momentos. Permanece sentado en silencio un poco más.

3. Para terminar, haz unas pocas respiraciones profundas y regresa, abre los ojos, cuando estés preparado.

En «Las recetas para el bienestar» (página 239), lee la que corresponde a la *naturaleza*, en el último capítulo del libro, donde especifico la función, la dosis y las contraindicaciones.

CAPÍTULO 5

Libertad total

La función del condicionamiento

En la tierra de las montañas salpicadas de nieve, vives en el abrazo invernal de la hermosa oscuridad. Es el momento de hibernar y de explorar plenamente tus paisajes interiores. En ese espacio vivencial, descubrirás que eres el agente de tu propia luz, el que prende tu chispa interior y encuentra tu propósito. Del mismo modo que el polvo de estrellas y los átomos encuentran su chispa dentro de sí, tú también. Basta con que sepas, consciente o inconscientemente, que brillas.

Obstáculos que superar

¿Por qué es tan difícil abandonar los conflictos? ¿Qué es lo que te impide hacer el cambio para lograr tu objetivo? ¿Cómo sueles reaccionar a tu malestar interior? ¿Qué haces para sentir que tienes algún control, cuando tu caos interno te resulta demasiado intenso? ¿Recurres a la comida o al alcohol? ¿A la agresividad? ¿A autolesionarte? ¿Qué necesitas para avanzar hacia lo que deseas en tu vida?

Tras haber profundizado, en el capítulo anterior, en tu conocimiento sobre las tres partes del cerebro y la forma en que estas influyen en nuestra estabilidad y ecuanimidad, y haber expresado en palabras lo que deseas y no deseas, el siguiente paso esencial es identificar qué obstáculos has de superar para acabar con tu lucha interior. También es aconsejable que revises si tienes a tu alcance las herramientas necesarias para superar estos obstáculos y conseguir tu objetivo. En la primera parte de este libro, vimos que tenemos la tendencia a ser esclavos de nuestra posición social, aunque esta no nos sea útil. Conocemos nuestra situación actual, nos es familiar y nos parece normal. Así que nos aferramos a ella, y esta, a su vez, nos confirma cómo nos percibimos a nosotros mismos y cómo percibimos nuestras creencias básicas respecto a nuestro lugar en el mundo. Lo predecible es cómodo y nos ayuda a prever nuestra respuesta a los factores de estrés a los que estamos expuestos.

Sin embargo, si quieres encaminarte hacia la vida de tus sueños, has de decantarte activamente hacia el cambio que deseas que se produzca en tu vida y en ti. Tienes que averiguar qué es lo que te motivará a pasar del deseo a la acción. Por ejemplo, tal vez te hayas propuesto que no quieres volver a sentirte solo, o que no te afecte tu diálogo interior negativo y ser más amable contigo mismo en los momentos difíciles, o divertirte más y ser más feliz. ¿Qué has de hacer para que se haga realidad? ¿Cuáles son los obstáculos que has de superar en tu interior? La teoría es más fácil que la práctica, ya lo sé. Así que vamos a descubrir qué es lo que se interpone en tu camino hacia tu meta.

El condicionamiento mental: obstáculos para la acción

Los principales obstáculos suelen tener su origen en nuestras creencias básicas, que son el resultado de nuestros condicionamientos y nuestra educación. Podríamos considerar los condicionamientos y las creencias básicas como la plantilla de nuestra naturaleza y de cómo hemos sido educados. El condicionamiento es lo que hemos aprendido respecto al mundo y a cómo se desarrolla la realidad, así como al lugar que ocupamos en él y dónde encajamos nosotros. Los condicionamientos son un conjunto de constructos mentales, integrados en tu sistema de creencias; son los componentes esenciales de tus dogmas básicos, que se manifiestan como pensamientos y sentimientos. Todo esto es el resultado de lo que hemos aprendido de nuestros padres o cuidadores a través de su conducta y su forma de pensar y de manejar sus emociones. Como es lógico, esto también es el resultado de sus propios condicionamientos, que a la vez, dependen de sus padres o cuidadores. De este modo, podríamos considerar que nuestros condicionamientos son hereditarios y que se transmiten de generación en generación.

Siempre hay obstáculos potenciales en nuestra vida, de diversas formas y en diversas etapas. Algunos se deben a la situación o fase de la vida en que nos encontramos, otros son genéticos (como las adicciones) y otros son heridas emocionales profundamente arraigadas, debidas a interacciones interpersonales traumáticas y complejas (con los padres, cuidadores u otras personas). Tal vez estas heridas se deban a negligencias por parte de nuestros progenitores o cuidadores. Como recordarás, en el capítulo tres he hablado de la cualidad de ser un modelo; cuando nos encontramos en un estado de agitación, se inhibe la acción eficaz y sentimos que estamos paralizados. Este hecho inhibe todavía más la comunicación entre los tres cerebros y sus senderos, y reduce la tonificación del nervio vago. Veamos estos obstáculos más detenidamente y aclaremos cuáles tienes en estos momentos y qué función cumplen para ti. No te olvides de que para ser libre has de saber qué es lo que te esclaviza.

Hay una dualidad que no podemos pasar por alto respecto a este tema. Por una parte, necesitamos los apegos de las relaciones durante nuestra crianza, ser vistos, oídos y comprendidos, pero también necesitamos encontrar y sentir nuestra independencia.

Los obstáculos siguientes no son cronológicos y, muchas veces, se superponen.

Obstáculos para la libertad
Yonquis de la recompensa o actuar con intención

Somos buscadores de placer y yonquis de la dopamina; por lo tanto, nos gusta conseguir lo que queremos. Recuerdo que en la adolescencia era consciente de estos pensamientos y antojos: «Si tuviera esto o aquello, sería muy feliz». Este tipo de pensamientos ilustran nuestra capacidad mental para crear futuras metas que motivarán nuestras acciones. Nos fijamos una meta y, según nuestro estado mental, el trabajo que realizamos para conseguirla se convierte en una experiencia fluida o en un desesperado y rígido viaje hacia la decepción. Tenemos la costumbre

de fijarnos metas, esperar resultados específicos predecibles, y cuando lo conseguimos nuestro cerebro segrega
mucha dopamina. ¡Entonces, nos sentimos de maravilla!
Hasta que la dopamina desaparece. Lo siguiente que queremos alcanzar se convierte en un deseo y en nuestra mi-
sión... Y así es como nos enganchamos: sin darnos cuenta,
nos hemos convertido en yonquis de la recompensa. No
me malinterpretes, no es malo que nos pongamos metas
y las persigamos. De hecho, esta es una de las cualidades
que nos distingue como especie. Me refiero a que nuestra
actitud mientras estamos trabajando para lograr nuestra
meta y la forma en que nos relacionamos con ella, muchas
veces nos ocasiona problemas. Si estamos demasiado ape-
gados al resultado, solo vemos una salida a la situación en
la que nos encontramos. Esta visión de túnel es lo opuesto
al *mindfulness*, crea estrechez de miras y nos paraliza. Nos
estresa. Trabajar para lograr nuestras metas conscientemente, observando todo lo que surge y desaparece en la
pantalla de nuestra atención, con benevolencia y curiosidad, es una forma más amable de dirigirnos hacia nuestro
objetivo. No perdemos de vista la visión global y actuamos
desde una perspectiva más amplia.

Una paciente, que se llamaba Liza, vino a mi consulta, porque sentía que se estaba deprimiendo. Reconocía
los síntomas de la depresión, puesto que la padecía, con
cierta frecuencia, desde la adolescencia. En nuestro trabajo para incrementar su poder personal y avanzar hacia el
bienestar, se hizo evidente que lo que más temía era sentirse sola. Tenía creencias profundas, basadas en experiencias de la infancia, de que no encajaba y de que siempre

la dejaban al margen, y se habían convertido en el relato de su voz interior: «No encajo con nadie. Siempre estaré sola». Cuando vino a verme, hacía dos años que mantenía una relación irregular de idas y venidas. Estaba dispuesta a seguir con esa relación, a pesar de que el chico con el que salía le había dejado muy claro que no quería ningún tipo de compromiso. Por otra parte, su mayor deseo era casarse y que su relación pasara a otro nivel. Sus intenciones no podían ser más dispares; sin embargo, no se planteaba cortar, porque no quería estar sola. Su conducta revelaba que prefería mantener una relación sin compromiso, bajo las condiciones de otra persona, que hacer sitio para que entrara alguien en su vida con sus mismas intenciones.

Cada vez que su pareja le confirmaba que no quería dar un paso más en su relación, caía en el círculo vicioso de darle vueltas a la situación y de obsesionarse, hasta que un sentimiento de impotencia paralizante se adueñaba de ella. No quería esa vida y sentía que se merecía más, pero era incapaz de actuar. El miedo de quedarse sola la tenía atrapada. Tenía una herida profunda que necesitaba curarse. Se había estado centrando en una relación con compromiso, pero se había olvidado de que antes tenía que curar su herida. En vez de centrarse en su necesidad desesperada de tener una relación, lo hizo en el miedo a estar sola, y supuso un gran paso para ella. Empezó a ver de dónde venía esa conducta y que era una expresión de sus creencias profundas. Nos enfocamos en las conductas más apropiadas para ella y en cómo podía centrarse en que no estaba sola en el mundo. Las depresiones son muy complicadas, por supuesto, pero este ejemplo muestra cómo el deseo desesperado de obtener cierto resultado (relación/matrimonio) puede convertirse en un obstáculo y ocultar la verdadera causa (miedo a estar sola o convicción de no encajar).

Al principio, no podía ver el verdadero obstáculo que se interponía en su camino hacia la felicidad, pues estaba demasiado obsesionada por tener una relación a cualquier precio. Pero cuando estuvo preparada, aprendió a dirigir su atención y sus esfuerzos hacia algo que le fuera más útil. Cuando vio que lo que motivaba sus acciones era el temor a la soledad, trasladó su atención a su propia herida. Empezó a verla, a entender cuál era su causa y a curarla, comenzó a cuidar de sí misma. Este compromiso consigo misma fue muy poderoso, y aprendió a abrirse camino por los patrones de conducta y pensamientos que la inducían a sentirse sola, en lugar de dedicar su energía a una persona que no quería comprometerse con ella. Comprometerte contigo mismo y con el proceso, como hizo Liza, en vez de hacerlo con el resultado, en realidad, puede ser la estrategia que necesitas para superar tus conflictos.

Recuerda cómo empezó este viaje hacia tu chispa interior: con tu intención y compromiso de ser amable y tener paciencia contigo mismo. Cuando nos proponemos algo y nos concentramos en lo que tenemos y en nuestros recursos para sanarnos, sintonizamos con nuestra realidad actual, con una mente tranquila y ecuánime, y tenemos la claridad suficiente para ver el potencial de lo que está por llegar. Se trata de vivir estando presentes, en lugar de preocuparnos o intentar controlar un futuro resultado.

¿Sabías que...

... practicar la gratitud es una forma muy eficaz y poderosa de alcanzar el bienestar emocional? Las investigaciones sobre la forma en que la práctica de la gratitud beneficia a nuestro bienestar emocional tienen el respaldo del modelo salutogenético de la medicina y la salud modernas; en este modelo, el foco de atención lo ponemos en lo que tenemos en el presente, en lugar de hacerlo en lo que nos falta o en lo que está mal. La Facultad de Medicina de la Universidad de Harvard define la gratitud de este modo: la gratitud es una muestra de aprecio agradecido por lo que recibe un individuo, ya sea tangible o intangible. Con la gratitud, la gente reconoce lo bueno que hay en su vida. Por consiguiente, la gratitud también ayuda a las personas a conectar con algo superior a sí mismas como individuos, ya sean otras personas, la naturaleza o un poder superior.

Mecanismo de defensa o poner límites

A menos que seamos conscientes de ello, proteger nuestras convicciones o defender la forma en la que hemos sido condicionados es un proceso prácticamente automático. Nuestras más firmes creencias nos son inculcadas en nuestra tierna infancia y se han ido arrastrando hacia el confort de la raíz del pelaje del conejo (¿recuerdas el conejo del capítulo tres, que flotaba en el universo?). Nos creamos nuestros nidos de normalidad y adoptamos continuamente comportamientos que coincidan con nuestra creencia o que la confirmen. Y aunque es esencial que desarrollemos autonomía y un sentido del yo, cuando libramos batallas internas, solemos enfrentarnos a nuestra forma nociva de proteger esta identidad. Piensa en qué haces cuando has de afrontar dificultades. ¿Qué conductas adoptas? ¿Qué haces para tranquilizarte o evitar el malestar que ocasiona la lucha? ¿Te automedicas? ¿Recurres a otras personas? ¿Al sexo? ¿A la comida? ¿A explicaciones espirituales? ¿A las drogas? ¿A las restricciones? ¿A la rigidez? ¿Hasta dónde llegas para proteger tus convicciones profundas? ¿Hasta dónde eres capaz de llegar para evitar sentimientos molestos?

Storm, un joven de unos veinticinco años, quería conocer gente nueva. Y ante todo, quería encontrar a esa persona especial. Tenía amistades nuevas, pero no los consideraba verdaderos amigos. Su trastorno de ansiedad social lo incapacitaba bastante para probar cosas nuevas y salir con gente. Tenía miedo de que si hablaba con una persona nueva, esta descubriera rápidamente que era aburrido y un bicho tan raro como él mismo creía ser. En lo que a mí respecta, según nuestra relación terapéutica, no me parecía ni aburrido ni un bicho raro. Era amable, considerado y empático. Sin embargo, padecía aislamiento social, al proteger su convicción de que era aburrido y raro. No quería que nadie viera lo incómodo que se sentía cuando intentaba conectar con otras personas. Trabajamos despacio, pero sin pausa, y encontramos la manera para de pudiera pactar consigo mismo. Descubrió que tenía el deseo interno de cambiar esas conductas y sus correspondientes creencias, pero dejar todo eso suponía dar un salto enorme hacia lo desconocido, fuera del pelaje del conejo. A medida que salía del pelaje del conejo y se iba adentrando en lo inexplorado, tuvimos que ir buscando estrategias alternativas, en las que sintiera que podía confiar. Decidió buscar un grupo de actividad o una situación donde pudiera conocer a otras personas de una manera informal, como un grupo para hacer entrenamiento físico, excursiones o algo parecido. Quería salir de su zona de confort y comprometerse con los demás, pero marcando ciertos límites. Tenía que prepararse para conocer gente: «Hola, me llamo Storm. Soy nuevo en el grupo. ¿Cómo te llamas? ¿Es tu primera vez aquí? ¿Por qué te apuntaste a este grupo?». Nos tomamos nuestro tiempo para que se sintiera preparado, y la primera vez que participó en una de estas actividades tuvo una experiencia muy positiva. Se dio cuenta de que se las había arreglado bastante bien y, de este modo, superó el principal obstáculo.

¿Cómo podemos cambiar los mecanismos de defensa y los patrones escapistas por una conducta más útil? ¿Cómo podemos empezar a verlos como patrones, en vez de identificarnos con ellos y asumir que son nuestra personalidad? ¿Podremos alejarnos alguna vez de estos hábitos y creencias tan arraigados? Cambiar nuestra forma de actuar no solo implica hacer las cosas de otro modo, sino vivir y tener una experiencia de nosotros mismos diferente. Esto supone dar grandes pasos. Cuando superamos obstáculos, como hizo Storm, y probamos cosas nuevas, es esencial saber cuáles son nuestros límites y los pasos que vamos a dar. Storm necesitó valor y sentirse apoyado en este proceso, pero lo que le dio seguridad para atreverse a dar el paso fue saber cuáles eran sus límites. Paso a paso, empezó a abandonar sus conflictos. Puede que tengas miedo cuando dejes ir un patrón que ya no te sirve, pero tener claros los pasos que vas a dar hace que tu sistema de alarma esté apagado o solo ligeramente activado.

¿Sabías que...

... el yoga borra los patrones mentales habituales? Con su compromiso constante de hacer que te veas dentro de un contexto mayor y de que encuentres las respuestas sobre ti dentro de ti, el yoga se convierte en un trampolín hacia la libertad total: liberación de los patrones mentales.

La espiral invertida o hacer las cosas de otro modo

La falta de energía es uno de los principales obstáculos para progresar. Nos esclaviza y nos retiene en el vacío. La falta de energía puede tener muchas razones y causas, pero cuando persiste en el tiempo, se empiezan a manifestar los síntomas de depresión. *La inercia nos lleva a una espiral invertida y puede atraparnos en ella hasta que sintamos que somos rehenes de nuestro cuerpo y nuestra mente.*

Stella había hecho un cambio en su vida hacía algunos años. Después de pasar por el síndrome de la trabajadora quemada, abandonó su profesión y se hizo profesora de yoga. Había disfrutado empezando de nuevo y se lo había pasado bien con su nueva vida y trabajo. Pero cuando vino a mi consulta, hacía algún tiempo que mantenía una lucha interior. Unos seis meses atrás, se había lesionado una rodilla, y esto la había dejado fuera de juego. No podía trabajar mucho, porque necesitaba descansar para que se le curara. Este tiempo de desaceleración le había revelado varios síntomas ambiguos en su cuerpo. Al poco tiempo, empezó a entrar y salir de los hospitales y de las consultas médicas, le hicieron pruebas de corazón y estómago. Los médicos no encontraron nada. Sin embargo, no solo estaba convencida de que le pasaba algo muy malo, sino de que era físico. Se autodiagnosticó según los principios de la medicina ayurvédica, que había aprendido en su formación como profesora de yoga, e hizo algunos cambios dietéticos. Todo lo que hacía lo llevaba a cabo con la convicción de que estaba enferma. Pero nada la ayudó a mejorar, ni tampoco la tranquilizó. Por el contrario, le sirvió para reafirmarse en su convicción de que le pasaba algo. Al tomar medidas para paliar sus síntomas sentía que podía ejercer algún tipo de control sobre su sentimiento de inercia. Pero ninguno de los tratamientos a los que se sometía le ayudaba a reconocer que estaba atrapada en una espiral invertida de pensamiento. No se daba cuenta de la voz de su cabeza que le decía: «No triunfarás, no eres importante, el estilo de vida yóguico es el mejor remedio, el hecho de que no estés bien de salud confirma que te pasa algo muy malo. No lo estás haciendo bien, no eres lo bastante buena».

Estaba desesperada. Creía que su situación se debía a fuerzas ajenas a ella, algo sobre lo que no tenía ningún control. Su lesión en la rodilla la obligaba a estar menos activa, se sentía cansada, dormía más y no tenía muchas oportunidades de trabajar. Luchaba contra sus sentimientos de no verle el sentido a nada. Sus ingresos estaban cayendo en picado, y esto le angustiaba. Los médicos no sabían qué le pasaba, y su desesperación iba en aumento. Quería que le curaran su problema, que la curaran a ella. Pero no había nada que curar. El ejemplo de Stella ilustra que no es solo *qué* hacemos, sino *cómo* lo hacemos, lo que afecta a nuestro estado existencial. A veces, hemos de observar con más detenimiento cómo estamos gestionando nuestra situación y cuál es nuestra percepción de ella, para ver cómo podemos mejorar nuestra forma de actuar. Tal vez descubramos que hemos de hacer las cosas de un modo muy distinto para liberarnos.

El malestar y desarrollar tolerancia

En capítulos anteriores, he hablado del malestar y de la tolerancia emocional. Ahora me gustaría aclarar cómo suele manifestarse el malestar. *Malestar* es una palabra muy común para describir, en términos generales, lo que sentimos en los conflictos. De hecho, hace referencia a una extensa gama de emociones y sentimientos, como la ansiedad o la preocupación; distintas manifestaciones físicas del estrés emocional; los torbellinos emocionales, o los conflictos interpersonales que nos provocan tensión, síntomas de estrés o inquietud. *Agitación* es la palabra más habitual que usan mis pacientes cuando les pido que describan su malestar. Una agitación interior, no solo física, sino mental. Cuando les pido que me lo aclaren, me hablan de que tienen pensamientos obsesivos y que les invaden las emociones intensas.

Te estarás preguntando qué es realmente esta agitación. Todos les hemos dado vueltas a las cosas alguna vez en nuestra vida. Es lo que se llama la mente del mono, es decir, la mente realiza acrobáticas travesuras, cuando las cosas se ponen feas. En otras palabras, lo único que haces con tu mente es pensar y pensar, y volver a pensar en la misma nimiedad... y darle vueltas y más vueltas. Intentas superar el conflicto a través del pensamiento. Te obcecas y te encierras más en ti mismo, en busca de las respuestas que crees que te sacarán de ese atolladero. Pero las respuestas no están en tus pensamientos. Así que la mente del mono no solo no te libera, sino que te genera agitación; por consiguiente, la situación en la que te encuentras se vuelve todavía más frustrante para ti. En la mente del mono solo hallarás más pensamientos: cadenas de ideas que te esclavizan, que hacen que te fijes en las preocupaciones y los problemas. Al poco se presenta la ansiedad. Te quedas atrapado. Y se manifiesta la espiral invertida.

Lily vino a hacer terapia, después de haber estado dudando algún tiempo. Admitió que tenía sentimientos encontrados respecto a esta decisión, pero quería que la ayudara con la inercia y la falta de energía que estaba experimentando en su vida. Se sentía atrapada e incapaz de conectar con su fuente de energía interior, estaba apática y se sentía estancada. Había dejado su trabajo, porque ya no le inspiraba nada, y no quería otro puesto donde sintiera que estaba desaprovechando su talento. Pero, en esos momentos, le faltaba la energía para buscar otra ocupación. Encontraba defectos a todos los trabajos. Y su preocupación por el dinero, los recibos, el alquiler y su salud estaban empezando a afectarla. Me dijo que se sentía paralizada, atrapada en su propio cuerpo. Le pregunté:

—¿En qué parte de tu cuerpo sientes la sensación de estar atrapada?

Se detuvo un momento y se miró la falda, se abrazaba fuertemente como si estuviera intentando mantenerse unida.

—No lo sé... —empezó diciendo—. No estoy segura..., ¿qué quieres decir con qué parte de mi cuerpo? Solo sé que los pensamientos se disparan de golpe. Desde que me levanto por la mañana hasta que me quedo dormida a medianoche, consumida por la ansiedad.

Su cuerpo no formaba parte de su relato. No sentía que hubiera demasiada conexión. Más adelante, me confesó que estaba avergonzada de su cuerpo y que hacía años que deseaba que fuera distinto. Puesto que tenía tan poca conexión con él, era incapaz de descifrar sus señales o detectar las manifestaciones emocionales en él.

¿Sabías que...

... la conciencia corporal aumenta con prácticas como el yoga consciente? La conciencia corporal, la sensación sentida* o la cinestesia corporal, agudiza la habilidad de diferenciar mejor entre los pensamientos, las

---

* Es un concepto que describe la conciencia corporal interna que surge a raíz de que desarrollemos nuestro estado de ser conscientes, generalmente gracias a la psicoterapia. Se trata de un término acuñado por el filósofo Eugene Gendlin. Gendlin atribuyó a este concepto una mezcla de emoción, conciencias, intuición y encarnación. Definición de goodtherapy. org/blog/psychpedia/felt-sense (Nota de la T).

sensaciones corporales y las emociones. Esto es muy beneficioso para los que quieren desarrollar tolerancia emocional.

La duda y la esperanza

Cuando sentimos que no nos movemos de donde estamos y nos esforzamos por controlar las emociones difíciles que se revuelven en nuestro interior, todo puede parecernos abrumador. Y cuando nos sentimos abrumados e incapaces de regular estas emociones intensas, las dudas y la inseguridad en nosotros mismos están a la vuelta de la esquina. Empezamos a dudar de que encontraremos la salida en estos tiempos de oscuridad y perdemos la fe en que las cosas mejorarán. Perdemos la esperanza, puede que hasta comencemos a pensar que nos pasa algo grave, que no podemos cambiar nuestra vida o a nosotros mismos. Dudamos de que tengamos las habilidades necesarias para encaminarnos al tipo de vida que deseamos. Esto no es cierto, por supuesto. Pero es importante que reconozcas y observes el poder que la duda tiene sobre ti y la falta de esperanza que estás padeciendo. ¿Cómo se manifiestan y por qué? Si hacemos esto podemos recuperar algo de esperanza. Hemos de hacerlo porque *sentir esperanza es un catalizador esencial para lograr el bienestar emocional y encaminarnos hacia la salud integral.*

¿Sabías que...

... la esperanza influye en nuestro bienestar emocional? En el libro *The Science of Optimism and Hope: Research Essays in Honor of Martin E. P. Seligman* [La ciencia del optimismo y de la esperanza: ensayos de investigaciones en honor a Martin E. P. Seligman], de Jane Gilham, uno de los capítulos (el de Snyder) sobre el Mandala de la Esperanza, termina diciendo que las personas que tienen grandes expectativas se enfrentan a las mismas dificultades que las personas pesimistas. Pero la diferencia es que las optimistas están más capacitadas para afrontar las situaciones, cuando se presentan los obstáculos, y que su sentimiento de bienestar general es mayor. No se dejan llevar tanto por las emociones y, en los momentos difíciles, les cuesta menos conectar con su capacidad de acción interior. Snyder expresa bellamente su aprecio por el movimiento cíclico de nuestro paisaje interno cuando dice: «Albergar esperanzas trae flujos y reflujos como las mareas».

Cuando afrontamos una crisis, podemos perder la esperanza de que haya bondad en el mundo, y esta actitud es especialmente nefasta. Esto puede sucedernos en momentos cruciales de nuestra vida, como cuando nos quedamos sin trabajo, se rompe nuestra relación de pareja, pasamos una enfermedad grave o perdemos a un ser querido. También puede sucedernos cuando asumimos un papel distinto en nuestra vida o pasamos a otra fase, como la transición de la niñez a la adolescencia, convertirnos en esposo o esposa, ser padre o madre, o pasar a ser cuidador de uno de nuestros progenitores. Todo esto forma parte de la danza de la vida. Tanto la aparición de la duda como la inestabilidad de la esperanza pueden formar parte de la circunstancia que estamos atravesando. Y al final, pueden servirnos de ayuda para tener más fe. A medida que desarrollamos la fe en nosotros mismos, en el mundo, en el bien supremo y en más cosas, vamos adquiriendo poder.

La esperanza no es tener expectativas concretas de obtener un resultado. Tener esperanza, simplemente, es confiar en que las cosas se solucionarán por sí solas, de alguna manera. Tu estado de inercia pasará. Como sucede con cualquier otra cosa en este mundo, esta situación en particular es algo que surge y desaparece. El conocido autor e investigador Daniel Goleman escribe que el sentimiento de esperanza es un indicador de la acción, y puede revelar tu motivación de cambiar. Es importante no confundirlo con las expectativas. La expectativa se basa en el deseo de obtener un resultado en particular. La esperanza se basa en la confianza en las propias habilidades para pasar a la acción en los momentos conflictivos.

Tener esperanza en los tiempos difíciles no es fácil. Por esta razón, sentirte apoyado socialmente y las relaciones es algo tan importante. Busca ayuda si la necesitas, a través de un mentor, una terapia o consejeros espirituales, por ejemplo. Si tienes dudas o has perdido la esperanza de mejorar, pide ayuda. Y hazlo más pronto que tarde, porque a medida que aumenta el sufrimiento y la ansiedad, más nos cuesta recurrir a alguien. Utiliza tu sentido de la esperanza, como si fuera un faro en tu camino que te ofrece la ayuda que necesitas ahora. No juzgues ni condenes tu estado de ánimo. Si no tienes esperanza, reconócelo, acéptalo y pide ayuda.

La función de los obstáculos

Hemos visto algunos de los obstáculos que se interponen en nuestro camino hacia el cambio y los mecanismos subyacentes que nos impiden tomar iniciativas para realizarlo. Es importante que identifiquemos la presencia de estos impedimentos en nuestra vida cotidiana, porque cuando los descubrimos, también entendemos la razón por la que están ahí. Entonces, solemos darnos cuenta de que si están ahí es por algo. Tienen una función importante, como la del papel de burbujas para embalar un jarrón de cristal: son un mecanismo de defensa para proteger nuestras creencias básicas. Estos obstáculos para el cambio defienden nuestras creencias contra cualquier cosa (o persona) que las ponga en tela de juicio.

Por este motivo, hacemos todo lo posible para organizar nuestra vida y controlar a las personas con las que nos relacionamos, para que se correspondan con las, a menudo, subconscientes creencias básicas que tenemos acerca de nosotros mismos. Estas creencias son fruto de los condicionamientos, los conocimientos y los patrones de pensamiento que hemos adquirido a raíz de la interacción con nuestro entorno, muy en particular con nuestros padres o cuidadores, desde que nacemos. En la filosofía del yoga, esto se conoce como *maya* o la realidad ilusoria. Interpretamos la información que recibimos como cierta, cuando en realidad es una ilusión. La filosofía budista lo denomina *samsara*, la existencia en la que estamos atrapados en el mundo material. Y la única forma de liberarnos de la ilusión es desapegándonos de todos los patrones. Entonces, podremos alcanzar el nirvana. Los yoguis lo llaman *moksha*, la liberación de *maya*. Si quieres vivir mejor aquí y ahora, es importante que entiendas que la *libertad total* es conocerte bien a ti mismo y tus patrones, para saber responder a tus emociones con destreza, entender a los demás compasivamente y relacionarte con ellos con integridad, por el bien de todos.

Tanto si fumas hierba todos los días para relajarte de tu estrés como si restringes lo que comes para intentar controlar tus emociones difíciles o te encierras en tu casa, por miedo a que te dé un ataque de pánico, puedes decir sin temor a equivocarte que tu conducta siempre cumple una función. En general, una conducta aparentemente destructiva es un mecanismo de defensa en acción, que tiene una finalidad. Una conducta que al observador puede llamarle la atención suele ser una forma de afrontar situaciones intensas, incómodas o abrumadoras. Para liberarte de los conflictos emocionales, no solo has de reconocer cuáles son los obstáculos conductuales que se encuentran en tu camino, sino qué servicio te están prestando; en ese caso, tendrás que encontrar otros medios más constructivos y eficaces para que te ayuden en tu proceso de cambio. Afortunadamente, nuestro cerebro está preparado para el cambio, y su neuroplasticidad se mantiene a lo largo de nuestra vida.

La neuroplasticidad es la capacidad del cerebro de crear conexiones nuevas y más fuertes en las estructuras neuronales. Esto sucede cuando aprendemos cosas nuevas y trabajamos repetidamente con cierto enfoque, a lo largo del tiempo. «Cuando hay una activación, hay una conexión». La práctica continua es esencial si queremos que nuestra estructura cerebral cambie, a medida que cambiamos nuestras costumbres y creamos hábitos nuevos. Por ejemplo, cuando practicamos *mindfulness*, en realidad estamos practicando una *actitud imparcial de amor desinteresado, mantenemos la atención en el aquí y ahora*, y mejoramos con el tiempo, a medida que repetimos nuestra práctica de sentarnos en silencio a observar cómo se forman los pensamientos y cómo se desvanecen. No nos volvemos más expertos en meditar, sino en alcanzar este espacio de calma mental. Cuanto más nos sentemos a practicar, más fácil nos resultará acceder a la «actitud meditativa». Tal vez ni nos encontremos mucho mejor calmando nuestra mente ni tengamos menos pensamientos. Pero nos es mucho más fácil practicar la observación de la mente o de los pensamientos, es decir, la metaperspectiva. Aprendemos a tener cuidado con nuestra propia mente.

Por ejemplo, puedes empezar a observar del siguiente modo: «Tengo una emoción intensa relacionada con el recuerdo de la conversación con mi hermano del año pasado». O: «Estoy observando sensaciones corporales en este momento, que me resultan desagradables. Siento ira y miedo. También siento tristeza. Y estoy recordando la pelea que tuve la semana pasada con mi pareja».

Una vez que hemos dado los pasos para aclarar lo que está sucediendo en nuestro interior, estamos preparados para la acción. Entonces, saber que realmente podemos cambiar es un gran consuelo. Podemos practicar cualquier conducta o manera de pensar nueva que queramos adoptar, una y otra vez, hasta que la asimilemos e integremos en nuestra forma de ser. Como el fallecido Sri Pattabhi Jois recordaba a sus alumnos de *ashtanga vinyasa* yoga: «Practicad, practicad, practicad, y el resto llegará». Según sus enseñanzas, siempre que sigas practicando con diligencia, integrarás en tu mente la filosofía subyacente del yoga, deconstruirás los viejos condicionamientos y creencias básicas respecto al mundo y a ti mismo, y crearás otras nuevas y sólidas.

Sin olvidar todo esto, veamos ahora cuáles son las barreras mentales que nos impiden realizar el cambio, y descubramos cómo librarnos de ellas. Porque aunque yo haga que el cambio parezca fácil —cuestión de práctica—, soy consciente de que hay obstáculos que es necesario afrontar. En el capítulo seis veremos concretamente los sentimientos encontrados y evaluaremos tu disposición al cambio.

Libertad total

El proceso de liberarte radicalmente de tus condicionamientos mentales y de tus convicciones más arraigadas exige valor, predisposición, compromiso, paciencia, acción y compasión. Es fácil dejarse llevar por la autocrítica y la parcialidad. Como hemos visto en el capítulo dos, nuestra generación ha caído en la trampa de la autocrítica, en vez de ser crítica con los constructos sociales. Podrás reconocerla en tu voz interior que toma nota de todo lo que haces. Este criticismo hace que este proceso suponga todo un desafío. Tal vez descubramos los obstáculos que contribuyen a nuestro estancamiento y cómo nos alejamos del cambio, aferrándonos a lo que nos es familiar, pero que ya no nos sirve; sin embargo, seguimos sin actuar. El valor y la osadía que necesitamos para salir de esto lo encontraremos confiando en nosotros mismos. Has de estar convencido de que puedes afrontar lo que haga falta, con *benevolencia* e imparcialidad, a medida que avanzas hacia lo desconocido. Cuando experimentes tu capacidad de ser tierno y amable, pero firme, al tratarte a ti mismo, empezarás a descubrir esta confianza. Entonces, te darás cuenta de que no te caerás del pelaje del conejo y te adentrarás en el olvido del oscuro desconocido, cuando dejes ir lo que ya no te es útil, porque estarás al amparo de ti mismo.

Tus ideas respecto a quién eres pueden ser férreas, pero no inquebrantables. Ya has dado los primeros pasos para liberarte de ellas, pues sabes que son fruto de tu condicionamiento. Esas ideas no son más que una cortina, detrás de la cual te escondes, mientras que, durante todo este tiempo, has creído que había un muro de hormigón. El paso siguiente, si quieres liberarte por completo de estas ideas, es discernir con claridad hacia dónde te gustaría encaminarte. Visualízalo para que te parezca tangible: cuanto más puedas sentirlo, menos te costará cruzar al otro lado del puente. Has de cambiar tu antiguo sistema de creencias sobre ti, por otro que te sea útil. Por uno que permita que tu chispa interior brille con fuerza.

Como ya he mencionado antes, estos obstáculos son universales. Todos hemos de enfrentarnos a ellos; simplemente, así es como funciona nuestra mente. Recuerda esto: todo aquel que está a punto de liberarse del conflicto emocional, que quiere ser libre, ha de superar los siguientes mitos:

1. «Estoy en conflicto, así que los demás deben de pensar que estoy loco».
2. «Estoy en conflicto, y nadie más lo está, luego no soy normal».
3. «Estoy en conflicto, y nunca volveré a sentirme como antes».
4. «Estoy en conflicto; mejor que me sobreponga y supere todo esto solo. Y si no lo consigo, es que me pasa algo».

¿Reconoces alguna de estas afirmaciones? ¿Has pensado alguna vez de este modo? Esto significa que te estás identificando con el conflicto. Ahora desglosemos estos pensamientos:

1. «Estoy en conflicto, así que los demás deben de pensar que estoy loco».

No, sin duda alguna, nadie lo piensa. Y no estás loco. Tener conflictos es humano, es normal. Lo que no sería normal sería que no atravesaras tiempos difíciles en tu vida. Pensar que puedes protegerte de las aguas oscuras y de los sentimientos que no te gustan sería un indicio de escapismo. La vida no es algo que se haya de controlar para experimentar solo ciertos sentimientos, por ejemplo los de felicidad. Puede que, incluso, la felicidad no sea lo que imaginas, no es algo que puedas encontrar o alcanzar fuera de ti. Es la forma en que te relacionas contigo mismo, con tus emociones y con tu vida, incluso, y muy especialmente, cuando las circunstancias son duras. Aferrarte desesperadamente a cualquier cosa que creas que te haga feliz solo propicia sentimientos de incompetencia y hace que sigamos atrapados. De modo que te recomiendo que intentes alejarte de aquello que creas que necesitas para ser feliz. Interiorízate. Observa lo que te está sucediendo en este momento. Trátate con ternura y compasión. Sé tu mejor amigo. Si vieras que tu mejor amigo está en plena lucha interior, jamás pensarías que está loco, ni se te pasaría por la cabeza. Simpatizarías con él, le desearías lo mejor, que se sintiera reconfortado, y le ofrecerías tu consuelo y ayuda.

2. «Estoy en conflicto, y nadie más lo está, luego no soy normal».

No es cierto. Todos tenemos nuestros conflictos. Y si a ti no te lo parece, recuerda esto: nada es lo que parece. Las personas hacen lo indecible por ocultar sus problemas. Esta es una de las grandes lacras que padecemos como sociedad: pensar que no podemos mostrar nuestros verdaderos sentimientos, porque eso revelaría que no llevamos las riendas de nuestra vida. La vergüenza es mala compañera, pero todos estamos en sus redes. Incluso podemos llegar a convertirnos en sus esclavos. Una forma de superar la vergüenza es recordarnos que todos procedemos del mismo polvo de estrellas y que compartimos las mismas historias espirituales. Es decir: todos somos esclavos de la misma maldita y despreciable vergüenza; por lo tanto, podemos ayudarnos mutuamente con compasión. Somos animales sociales y prosperamos en manada. Es más fácil ayudarnos mutuamente cuando estamos conectados en nuestra comunidad y somos comprensivos.

3. «Estoy en conflicto, y nunca volveré a sentirme como antes».

Sí, sí que podrás. Pero quizás no como piensas. En el plano existencial, siempre eres el mismo. Hay una parte de ti que nunca cambia, es tu esencia. Pero, al mismo tiempo, estás en un proceso de cambio constante. Las experiencias de la vida, las improntas que te deja la gente, las situaciones y los sentimientos te afectarán. Recuerda que hay algo seguro, y es que la vida ejecuta una incesante danza del bienestar y el malestar. Pero hasta en medio del tango más surrealista que hayas bailado, en esencia, siempre serás el mismo. Lo que sientes en un momento dado es un reflejo de lo que te rodea y de la forma en que respondes a ello. También refleja el modo en que te implicas en tus relaciones y cómo interactúas con tu entorno y tus circunstancias. Tus sentimientos son producto de tu relación contigo mismo. Y aunque pueda serte fácil ser paciente y compasivo contigo en los momentos de tranquilidad y cuando estás a gusto con tu situación, cuando estás agitado también es posible recurrir a esa misma paciencia y compasión, y ser capaz de entenderte y entender tus sentimientos y tu estado mental. Este es el poder del *mindfulness* y de las prácticas para cultivar la compasión. Funcionan porque podemos *practicar* vernos con benevolencia, afecto y comprensión, aunque no sintamos inmediatamente compasión o comprensión. La práctica nos abre la puerta a la ternura. Practicar el *mindfulness* y cultivar la compasión nos permite estar bien, cuando las cosas están mal. El *mindfulness* nos saca de la miseria, del grueso lodo de estar varados en el conflicto emocional, y nos abre la puerta a la alegría y a la chispa interior.

4. «Estoy en conflicto; mejor que me sobreponga y supere todo esto solo. Y si no lo consigo, es que me pasa algo».

No, no te pasa nada si no puedes salir de ese atolladero. No te pasa nada si no puedes cambiar tu forma de pensar respecto a ti mismo en un abrir y cerrar de ojos, o mirándote al espejo por la mañana. El *hackeo* mental que te dice que «basta con pensar en positivo» es un fraude y subestima la complejidad de nuestro ser. Encontrar el camino de vuelta hacia nuestra propia capacidad de acción, cuando estamos en plena contienda emocional, exige que nos tomemos en serio lo de tomar distancia y observar. Puede que esto nos parezca contradictorio, ya que nuestra sociedad y los tiempos en que vivimos nos han condicionado a ser proactivos y a que siempre actuemos cuando algo no funciona, se nos ha enseñado a involucrarnos. Nos implicamos demasiado, cuando lo que hemos de hacer es lo contrario. Me encanta el libro de Barry Stevens *No empujes el río*. El título lo dice todo, pero Stevens habla de entendernos a nosotros mismos, especialmente en los momentos en que crece nuestro malestar. Argumenta que la solución que te imaginas que necesitas para dejar de luchar no es necesaria en absoluto. No hemos de hacer ni arreglar nada. Hacer añade resistencia a la situación en la que te encuentras y a tu propio estado mental y físico. Y la resistencia impide que nos decantemos hacia lo que realmente necesitamos. Esa resistencia a lo que es, a tus sentimientos, a tu situación, a tus experiencias, se intensificará mientras sigas aferrándote a lo que deseas o a la que creas que es la solución para tus conflictos, no importa cuál sea. La resistencia aumenta cuando evitas los sentimientos tal como son. Y la pared de la resistencia se engrosa cuando pierdes la esperanza de que puedes cabalgar sobre esta ola de agitación. La resistencia se forma cuando no estás motivado para seguir esta danza (de la tranquilidad y de la agitación) y empiezas a sentir inercia. Entras en una espiral invertida y se convierte en una paradoja. Esta es la razón, querido lector o lectora, por la que quiero volver a recordarte que el espíritu innato, que compartimos como animales grupales, hace que nos necesitemos mutuamente, que necesitemos a la comunidad, a un ser querido, a un amigo, a un colega, a un guía espiritual o ayuda profesional, para superar nuestros conflictos emocionales. Habla con alguien. Comparte tu experiencia. Recuerda que, compartiendo parte de la energía que esta encierra, las cosas comenzarán a cambiar. La resistencia empezará a hacerse pedazos bajo el efecto de tu apertura al mundo y de expresar tu lucha en palabras.

Para que puedas liberarte de estos obstáculos universales e ideas preconcebidas, hay un par de cosas que me gustaría enfatizar. Para cambiar tus creencias más arraigadas, tendrás que ser consciente de ellas en el incentivo para actuar que se encuentra en este capítulo. Y para liberarte de los obstáculos universales, que todos compartimos, te aconsejo que realices diariamente esta práctica de *mindfulness*, cuyas siglas son RAIN ('lluvia' en inglés), según la ideó Tara Brach:

Estrategia para afrontar los obstáculos internos en tu vida diaria (R.A.I.N):

1. **R**econoce: observa lo que hay.
2. **A**cepta: concede su espacio a lo que encuentres.
3. **I**nvestiga: cuando eso esté presente, observa cómo te sientes física y emocionalmente, fíjate en las sensaciones y revelaciones e indaga cómo influyen en tu motivación.
4. **N**utre: activa la compasión hacia ti mismo.

INCENTIVO PARA ACTUAR
Creencias básicas y pensamientos erróneos

Reflexión

En esta indagación, te invito a que te abras un poco más a ti mismo y que empieces verdaderamente a tirar de los hilos y ver los condicionamientos de los que están formadas tus creencias básicas. Ha llegado el momento de recordar la promesa que hiciste de ser valiente y la intención de vivir de acuerdo con tu chispa interior, para que puedas superar tus conflictos internos.

Ten a mano papel y lápiz. Busca un lugar para sentarte donde estés cómodo: con tu cojín para meditar, en tu silla favorita, al lado de una ventana que te guste, tapado con una manta, con una vela encendida, con tu infusión predilecta... Dedícate un tiempo y crea un espacio para esta indagación.

1. Dedica un momento para colocarte. Sitúate en tu cuerpo, en tu asiento. Siente la respiración. Observa el espacio que te rodea, ahora. Observa tus sentimientos y emociones.

2. ¿Cuáles son algunas de las creencias o mensajes sobre ti que proceden de otras personas y que has hecho tuyos? Descríbelos lo más resumidos que puedas.

3. ¿Cómo te afectan esas creencias a ti y a tu situación actual en la vida, ahora mismo?

4. ¿Qué sucedería si te apartaras de esa situación ahora mismo?

5. ¿Qué creencias básicas consideras que están impidiendo que tomes distancia de tu situación?

6. ¿Cuándo fue la última vez que sentiste la chispa interior?

7. Permanece sentado un momento. Cierra los ojos. Siente tu cuerpo. Regresa.

OBSERVACIÓN

Integración

Práctica para atar cabos

Al hacer el ejercicio anterior:

- ¿Has observado algo respecto a tu respiración? Por ejemplo: el ritmo. La profundidad. Algún cambio en su calidad. La diferencia entre inspiración y espiración. Te ruego que lo describas.

- ¿Has observado algo en tu cuerpo o relacionado con las sensaciones corporales? Por ejemplo: una sensación más intensa. Comodidad o incomodidad. Una zona pequeña de tu cuerpo reclama toda tu atención, o una zona amplia. Sensaciones diferentes, algunas sutiles, otras obvias. Punzadas, cosquilleos o cambios de temperatura. Te ruego que lo describas.

- ¿Has observado algo en tu estado o actividad mental? Por ejemplo: pensamientos que se mueven más rápido o más despacio. Una idea, pensamiento o situación que exige tu atención. Muchos pensamientos, quizás desordenados o de inquietud. ¿Has observado un cambio en tu capacidad de concentración o atención? ¿Tienes la mente más clara o más espesa? Te ruego que lo describas.

- ¿Has observado algo en tus emociones, actuales, emergentes y pasajeras? Por ejemplo: ¿te has fijado en alguna emoción o emociones? ¿Has notado si afloraban emociones y eran transitorias? ¿Se desvanecían? ¿Tal vez te has dado cuenta de la intensidad de las emociones, de si eran más fuertes o más ligeras? Te ruego que lo describas.

Recuerda, intenta no analizar tus respuestas, procura no explicar de dónde surgen las sensaciones o por qué surgen. Solo observa qué sientes.

En «Las recetas para el bienestar» (página 239), lee la que corresponde a la *pausa*, en el último capítulo del libro, donde especifico la función, la dosis y las contraindicaciones.

CAPÍTULO 6

Predisposición al cambio

El proceso de transformación

Cuando diluvia, cierro los ojos y siento las gotas que caen sobre mi cara. Las pequeñas salpicaduras rebotan en mi piel. Siento el aire, cortante y fresco. Veo cómo la lluvia limpia el paisaje y lo transforma en un luminoso cuadro, y huelo a tierra húmeda que me invita a vivir el momento presente. Cada gota de lluvia contiene el universo. Cuando llueve con fuerza, cierro los ojos y lo interiorizo todo.

La definición de salud mental

En capítulos anteriores, hemos examinado las múltiples capas en las que se manifiesta el conflicto analizando las cualidades del ser, el triple cerebro y el umbral de la tolerancia. Ahora, reflexionaremos un momento sobre las definiciones formales de lo que es la salud mental y la enfermedad, y pasaremos a examinar los pasos que te ayudarán a superar tu lucha interior.

La Organización Mundial de la Salud (OMS) elabora informes regulares sobre el desarrollo de la salud mental en el mundo. Las investigaciones revelan que el veinticinco por ciento de la población mundial padecerá alguna enfermedad mental en su vida. El setenta y cinco por ciento de los afectados jamás recibirá asistencia ni de los profesionales de la psiquiatría ni del sistema de salud pública. Hay un gran abismo entre la necesidad y la disponibilidad. Y las investigaciones y los informes de la OMS revelan muchas más verdades impactantes. Por ejemplo, el número de personas que padecen problemas tan comunes como el estrés, la depresión y la ansiedad está aumentando a un índice alarmante. También informan de que el cincuenta por ciento de las enfermedades se manifiestan antes de los catorce años. Estas cifras son muy reveladoras respecto a cuándo se necesita la intervención.

La OMS utiliza una definición que data de 1946: «La salud es un estado de bienestar físico, mental y social completo, y no meramente la ausencia de enfermedad o dolencia». A mediados de la década de 1940, esta definición tuvo en cuenta varios temas de derechos humanos y ayudó a muchos grupos y sociedades. Sin embargo, años más tarde, ha sido criticada. Se queda corta a la luz de los nuevos paradigmas y concepciones sobre la salud mental en las últimas décadas. Por ejemplo, el uso de la palabra *completo* en la definición implica un proyecto imposible. Sabemos a ciencia cierta que, a lo largo de nuestra vida, estaremos expuestos a factores de estrés que tendremos que superar. Y para vivir, hace falta cierto remanente de salud. Una definición más correcta se conseguiría teniendo en cuenta el ciclo de vida natural y cómo afecta este a nuestra salud.

La definición de la OMS sobre la salud se basa en la teoría de las patologías, que es la descripción de los síntomas como una desviación del estado de normalidad y una forma de describir las enfermedades. El pensamiento y el discurso moderno sobre la salud mental, en lugar de hacer hincapié en las patologías, lo hace en la teoría de la salutogénesis, del sociólogo médico Aaron Antonovsky. Como recordarás, esta teoría no se concentra en la patología de las enfermedades, sino en el bienestar y el poder personal. De modo que podríamos reinterpretar la definición de la OMS desde la perspectiva de la salutogénesis, y podría ser algo como sigue: *la buena salud mental es un estado de bienestar, donde el individuo puede desarrollar su potencial y aportarlo a otras personas y a su entorno social más próximo.*

Este cambio de paradigma en la psicología aplicada, que se produjo a finales del siglo pasado, y la aparición del pensamiento humanista han reforzado la postura de la psicología positiva y de su foco en el poder personal; esto a su vez, ha hecho que el incremento de las intervenciones y enfoques holísticos en la psicoterapia, como la utilización de técnicas de *mindfulness* y de prácticas para cultivar la compasión, ya no sea la excepción. En la psicología budista, concretamente en la del linaje *mahayana*, se concede mucha importancia a las teorías de la neuropsicología y la neuroplasticidad, a la teoría polivagal, a las teorías del desarrollo y del apego, y a las ciencias cognitivas, y estas producen resultados en los tratamientos a la par con otros protocolos contemporáneos de intervención.

La diferencia entre estas intervenciones y otras más tradicionales son muy importantes, cuando hemos de evaluar el abismo entre la necesidad y la disponibilidad. El *mindfulness* y las prácticas para cultivar la compasión pueden salvar ese abismo, por muchas razones. Por una parte, son técnicas relativamente fáciles de aprender. Tienen un umbral bajo y están a nuestro alcance. Hay innumerables aplicaciones, plataformas *online* y centros de yoga que ofrecen estas enseñanzas, lo cual hace que sea relativamente fácil mantener una práctica regular como complemento a un tratamiento. Muchas aplicaciones y grupos son gratis o muy baratos, y esto ayuda a que estas prácticas puedan llegar a una gama más amplia de colectivos socioeconómicos. En lenguaje burocrático, estas intervenciones son rentables, fáciles de aprender y su umbral de accesibilidad es bajo. Están a tu disposición cuando las necesitas, sin largas listas de espera. También hay cada vez más seguros de salud que reembolsan los gastos por terapias de *mindfulness* y de yoga.

Predisposición al cambio

En capítulos anteriores, hemos hablado de por qué el cambio es mucho más complejo y complicado para nosotros de lo que pensamos. Hemos visto que uno de los factores más importantes cuando intentamos ser fuertes en los malos momentos, en las luchas internas y en los reveses de la vida es el grado en que podemos atribuirnos la causa de la situación. Es decir, ¿en qué medida nos responsabilizamos de nuestro papel en el desarrollo de las circunstancias, qué parte de culpa hemos de asumir, o si se debe todo a causas ajenas a nosotros?

Puede que hayas oído alguna vez este hermoso dicho: no conoces la fuerza del agua hasta que hay una barrera en el río. El agua siempre encuentra su camino montaña abajo. Ni una roca enorme ni ninguna otra cosa se interpondrá en su camino, solo es un obstáculo más que vencer. El agua tiene un propósito claro: circular hacia abajo obedeciendo la ley natural de la gravedad. Esa es su motivación. No hay duda, evidentemente, el agua solo se mueve. A veces lentamente, gota a gota, y otras con furia, con gran fuerza. El río es la metáfora de nuestra fuerza mental.

Al igual que ese río, también estamos gobernados por las leyes naturales. Nosotros, como humanos, deberíamos considerar la ley de la motivación intrínseca como una de las potentes fuerzas de la naturaleza. Nuestra fuerza gravitatoria procede de sentirnos cómodos, a salvo e integrados. Eso es hacia lo que gravitamos. Del mismo modo que el agua es impulsada a descender por la montaña, esta atracción gravitatoria es lo que nos ayuda a sentir nuestra verdadera fuerza, cuando hemos de superar alguna dificultad. La forma en que nos embarcamos en el proceso de superar los obstáculos que encontramos en nuestro camino será lo que mejor nos indicará cómo vamos a superar nuestras luchas internas. Por este motivo, la esperanza es la fuerza vital del bienestar y de la conservación de la salud. Nos dice que confiemos en nuestras propias habilidades y nos respalda en las acciones que hemos de realizar para seguir adelante. La esperanza nos insta a que confiemos en nuestra propia destreza y nos apoya en las acciones que hemos de llevar a cabo para seguir avanzando. Se refleja como nuestra capacidad para superar los conflictos emocionales. Refuerza nuestra motivación para alejarnos de aquello que nos impide movernos.

Como hemos visto en capítulos anteriores, para soltar completamente todo lo que no nos sirve, hemos de tener una idea de lo que nos espera en la otra orilla del río. Es necesario tener la esperanza (con esto me refiero a confiar) de que cuando crucemos las oscuras aguas no nos ahogaremos, sino que podremos flotar y llegar a salvo. Este proceso de nadar por la oscuridad creará, como por arte de magia, el sentimiento de que estamos alcanzando el dominio de nuestra propia vida, y esto nos ayudará a cruzar, a llegar a la orilla. Es importante, por supuesto, que reconozcas cuándo necesitas que te echen una mano para cruzar, y como he mencionado en la primera parte de este libro, si te encuentras en aguas profundas, y eres incapaz de ver o sentir ningún atisbo de esperanza para encontrar la salida de tu situación, pide ayuda. Recurre a alguien para que te ayude a mantenerte a flote. Entonces, podrás iniciar el proceso de nadar, cuando sea el momento apropiado.

Cuando se produce la coincidencia entre nuestra motivación o predisposición al cambio y nuestro cuerpo, mente y corazón, se presenta el momento adecuado. Entonces, acciones, pensamientos y emociones se lanzan juntos al agua. Estamos dispuestos a hacer lo que haga falta, a iniciar el proceso de nadar al otro lado, donde nos sentiremos emocionalmente seguros. Esa seguridad llega cuando nuestra mente tiene información sobre lo que allí nos espera. Hemos aclarado nuestros pensamientos y valorado los pros y los contras de renunciar a nuestras identidades o apegos actuales a nuestras creencias fundamentales. Hemos empezado a imaginar, quizás hasta a visualizar, cómo nos sentiremos, cinestésicamente, cuando estemos en la otra orilla.

Patricia, una de mis pacientes, padecía depresión. Dedicamos muchas sesiones a poner a prueba sus creencias, porque su voz interior no dejaba de repetirle que nada tenía sentido y que no valía la pena que se molestara en actuar, porque eso no cambiaría sus sentimientos. No se atrevía a alzar la voz cuando pasaba algo en su trabajo, porque creía que su opinión no tenía importancia. Estaba convencida de que sus compañeros no le harían caso si hablaba y que, en realidad, ella era irrelevante. No se consideraba importante. Por consiguiente, no decía nada. Calló durante años. Aceptó y reafirmó su creencia básica de que era cierto que no valía nada. Nadie le pedía su opinión, todo el mundo aceptaba su silencio. Su forma de contribuir era mediante gestos o ratificando las opiniones de los demás, pero nunca se atrevía a expresar la suya. La intensidad del ataque de sus pensamientos de autocrítica, cada vez que osaba manifestar algo parecido a una opinión, le ocasionaba tanto sufrimiento y ansiedad que rara vez le parecía que valía la pena hacerlo. Nuestro trabajo terapéutico, principalmente, implicaba gestionar su diálogo interior, para que fuera más amable y compasiva consigo misma. También tenía que aprender a ser paciente consigo misma y a plantar cara a sus pensamientos de falta de sentido y desesperanza. Las primeras diez sesiones fueron una preparación para la acción. Venir a terapia había sido su acto más audaz e importante hasta el momento. Y siguió viniendo. Pero el trabajo de dejar ir esas creencias básicas respecto a su papel en el mundo fue largo.

Al final, lo que marca la diferencia es la *forma en que te tratas a ti mismo en los momentos difíciles*. Tu manera de gestionar este desagradable sentimiento de malestar, de bloqueo, la forma en que te comunicas contigo mismo (¿te das ánimos o te descalificas?) es lo que determinará cómo vas a seguir avanzando. Si puedes inclinarte hacia la esperanza, comprometerte a ser paciente y a volver a hacerlo una y otra vez, y si puedes ejercer la autocompasión en los momentos de autocrítica, estás en el camino correcto.

Ahora, veamos el *péndulo de la ambivalencia*. Por raro que parezca, la esperanza puede ser ambivalente. Cualquier ambivalencia que experimentemos respecto al cambio es una consecuencia de nuestros condicionamientos y creencias básicas. El péndulo de la ambivalencia es impulsado por el grado de fuerza de nuestra motivación intrínseca al cambio. Hay momentos en los que te sientes sumamente bloqueado, en punto muerto; entonces, es cuando vale la pena revisar y evaluar tu predisposición al cambio. Normalmente, cuando la desesperanza es alta, la predisposición al cambio es baja. Cuando eres consciente de que tu predisposición al cambio está en cierto nivel, aunque tal vez no en el que necesitas, puedes empezar a indagar sobre ello. Una herramienta estupenda, que se utiliza en terapia para las entrevistas sobre motivación, es la regla de la predisposición. Es una sencilla forma de medir tu nivel de motivación para actuar. La regla está numerada del cero al diez. Sirve para ayudarnos a aclarar las ideas o convicciones que nos tienen atrapados en la situación actual. Es una instantánea de un momento y puede cambiar rápidamente, incluso en el mismo día. Estoy segura de que te habrá pasado alguna vez: tu confianza en ti mismo o en tu proyecto puede cambiar de un momento a otro. Con suerte, la confianza se habrá incrementado al final del día, pero a veces ocurre justo lo contrario.

Por ejemplo, la variedad de mis estados de ánimo, durante el proceso de escribir este libro, son un gran ejemplo del péndulo de la ambivalencia en acción. Mi confianza respecto a lo que deseaba transmitir y el mensaje que quería compartir osciló constantemente durante ese proceso. Esa oscilación se veía afectada por lo que escribía y cómo lo escribía. Pero lo que afectaba principalmente a ese péndulo era mi estado de ánimo en un día en particular. En estos momentos, considero que me encuentro hacia la mitad de la regla de la predisposición. Algunos de mis pensamientos son: «Hay muchos libros parecidos en el mercado, incluso mis maestros han escrito algunos. ¿Qué más puedo decir sobre este tema?». Entonces, empiezan a surgir los sentimientos de vergüenza y de no estar a la altura de las circunstancias. Veo cómo mi diálogo interior hace que llegue a la marca del cero en la regla. En el otro extremo del péndulo, hay una voz amable que me dice: «Estoy escribiendo este libro para mis alumnos y pacientes, y sé que les parecerá interesante. Esto es lo que me han pedido, como lo han hecho mis compañeros y compañeras de profesión y mis allegados. Estas personas quieren escuchar mi voz y mi experiencia».

No voy a ganar el debate interior, ni tampoco a perderlo. La ambivalencia puede resultar muy confusa, pero cuando la empleo para tener una visión más profunda y analizar los pros y los contras de lo que estoy haciendo, puedo ser consciente de los pensamientos que determinan mis niveles de motivación en el presente. Esto me ayuda a entender mejor mi estado interior. Y me ayuda a invitar a la amabilidad y la delicadeza, cuando siento que las aguas oscuras pueden llegar a engullirme. Entonces, en lugar de ser arrastrada hacia la oscuridad, la observo, veo de qué está hecha y me dejo espacio, en lugar de resistirme. No rechazo los aspectos oscuros de mi ambivalencia o intento evitarlos, sino que veo lo que en realidad son: un cúmulo de pensamientos.

Hacer esto te ayudará a entenderte mejor. Esta comprensión te hará más amable y compasivo contigo mismo en este momento.

¿Sabías que...

... una de las razones por las que funcionan las prácticas contemplativas y meditativas del *mindfulness* y de la compasión es porque nos invitan a estar en el momento presente? Nos permiten experimentar la presencia ascendente, como se dice en las ciencias cognitivas, donde nuestra atención y nuestro enfoque dependerán del sentido cinestésico, es decir, la sensación sentida o interocepción, en el momento presente. Esto es justo lo contrario a nuestro estado habitual de presencia, que suele proceder de una narrativa descendente respecto a nosotros mismos, nuestro cuerpo y nuestro sufrimiento. La invitación implícita que nos hacen estas prácticas es que nos desapeguemos de los relatos repetitivos respecto a nuestra persona, nuestra identidad y nuestra función en este mundo, al menos durante un rato, y a que estemos presentes, en el aquí y ahora. Por fácil que parezca esta técnica, no lo es. Nos beneficiaremos mucho si tenemos un maestro o instructor que nos guíe en ella, aunque seamos expertos, puesto que es en los tiempos difíciles cuando necesitamos esta ayuda, cuando nos hace falta un recordatorio y que nos guíen.

INCENTIVO PARA ACTUAR
Predisposición al cambio

Práctica contemplativa y de escritura

En este ejercicio examinarás tu predisposición al cambio y qué pensamientos o sentimientos influyen en tu motivación en este momento. El ejercicio te servirá para esclarecer tu estado actual; por consiguiente, es una herramienta útil que te ayudará de dos formas: entendiendo mejor los mecanismos subyacentes que influyen en que pases a la acción para cambiar y descubriendo que este proceso hace que seas más comprensivo y compasivo contigo mismo.

El ejercicio consta de tres pasos. Reserva un mínimo de treinta a sesenta minutos. Necesitarás: un cojín para meditar, una manta para taparte, papel y lápiz.

PASO 1: CONECTA CONTIGO MISMO

1. Busca un lugar cómodo para sentarte. Reduce las distracciones y crea un espacio tranquilo a tu alrededor.

2. Dirige tu mirada suavemente hacia el suelo, o bien cierra los ojos si estás más cómodo.

3. Dedica de cinco a ocho minutos a contemplar. Observa cualquier movimiento mental, desde su aparición hasta su disolución. Tanto si se trata de un recuerdo del pasado como de una fantasía o preocupación por el futuro, de una idea o pensamiento aislado que irrumpe en tu mente, simplemente observa lo que surge. Hazlo sin analizar, cambiar o eliminar nada de tu atención. Confía en que lo estás haciendo correctamente, contempla la mente de libre asociación, en este preciso momento.

4. Tu meta en este ejercicio es simplemente observar cualquier cosa que se mueva en el foco de tu atención, ver cómo pasa y desaparece, hasta que algo más reclame tu atención. No es necesario que te enfoques en nada en particular. Sencillamente, siéntate y observa qué se está moviendo en tu interior y cómo te está afectando.

5. Para salir de esta práctica, haz tres respiraciones profundas, inspira y espira a fondo, antes de abrir suavemente los ojos y volver a la habitación.

PASO 2: LA REGLA DE LA PREDISPOSICIÓN

1. Busca un lugar donde puedas sentarte cómodamente y permanecer un rato en silencio.

2. Ten a punto papel y lápiz. Traza una línea recta, haz unas marcas dejando el mismo espacio entre ellas y numéralas del cero al diez.

3. Piensa en el tema que te preocupa y que desearías que fuera diferente. Luego, pregúntate: «¿Hasta qué punto confío en que llegaré a esta situación diferente, desde donde estoy ahora, sin luchar?». Colócate cerca de un número en la línea

que has dibujado. Cuando hayas decidido la puntuación sigue preguntándote:

- «¿Por qué me parece bien esta puntuación?».
- «¿Cuáles son las razones para esta cifra?».
- «¿Qué tipos de pensamientos tengo?».
- «¿Cómo me hace sentir esto?».
- «¿Qué me haría falta para que el número fuera más alto?».
- «¿Cuáles son los pensamientos y sentimientos que se ocultan tras la intensidad de mi motivación para cambiar, en estos momentos?».

4. Cuando hayas completado estas preguntas, permanece sentado. Haz una pausa. En silencio.

5. A medida que vayas finalizando este ejercicio, ten presente esto: cuando pasamos tiempos difíciles, nuestra motivación para cambiar puede variar en un día. Esto es normal. En esta fase de tomar conciencia de tu proceso, usa este ejercicio diariamente para tomarte la «temperatura» de tu malestar y descubrir el grado en que realmente estás dispuesto a dejarlo ir, hoy.

PASO 3: DESCONECTA

1. Sigue en silencio y regresa a la postura inicial. Concédete cinco minutos para desconectar de este ejercicio, antes de retomar tus actividades cotidianas.

2. Puedes cerrar los ojos si lo deseas. ¿Qué observas ahora? ¿Cómo te sientes? ¿Qué notas todavía, después de haber escrito todo esto? Observa qué predomina en tus pensamientos, tus sentimientos y tu cuerpo en estos momentos. Permanece sentado en silencio un poco más.

3. Para terminar, haz unas pocas respiraciones profundas y regresa; abre los ojos, cuando estés preparado.

OBSERVACIÓN
Integración

Práctica de atar cabos

Al hacer el ejercicio anterior:

- ¿Has observado algo respecto a tu respiración? Por ejemplo: el ritmo. La profundidad. Algún cambio en su calidad. La diferencia entre inspiración y espiración. Te ruego que lo describas.

- ¿Has observado algo en tu cuerpo o relacionado con las sensaciones corporales? Por ejemplo: una sensación más intensa. Comodidad o incomodidad. Una zona pequeña de tu cuerpo reclama toda tu atención, o una zona amplia. Sensaciones diferentes, algunas sutiles, otras obvias. Punzadas, cosquilleos o cambios de temperatura. Te ruego que lo describas.

- ¿Has observado algo en tu estado o actividad mental? Por ejemplo: pensamientos que se mueven más rápido o más despacio. Una idea, pensamiento o situación que exige tu atención. Muchos pensamientos, quizás desordenados o de inquietud. ¿Has observado un cambio en tu capacidad de concentración o atención? ¿Tienes la mente más clara o más espesa? Te ruego que lo describas.

- ¿Has observado algo en tus emociones, actuales, emergentes y pasajeras? Por ejemplo: ¿te has fijado en alguna emoción o emociones? ¿Has notado si afloraban emociones y eran transitorias? ¿Se desvanecían? ¿Tal vez te has dado cuenta de la intensidad de las emociones, de si eran más fuertes o más ligeras? Te ruego que lo describas.

Recuerda, intenta no analizar tus respuestas, procura no explicar de dónde surgen las sensaciones o por qué surgen. Solo observa qué sientes.

Capacidad de acción

Como ya he dicho anteriormente, cuando eres capaz de ser más delicado, bondadoso y comprensivo contigo mismo, es el momento de dar un paso más en tu proceso de poner fin a tus conflictos. La delicadeza es un indicativo de que estás dispuesto a seguir adelante: descubrirla te ha revelado que salir de tu estado actual es más beneficioso que permanecer en él. Además, te has dado cuenta de qué necesitas para hacer este cambio. Llegado este punto, implica que has alcanzado tu capacidad de acción y que estás capacitado para ponerte manos a la obra.

La filósofa y psicoanalista francesa Anne Dufourmantelle escribió una hermosa descripción de la delicadeza: «La delicadeza es una fuerza de transformación secreta que derrocha vida, vinculada a lo que en la Antigüedad denominaban "potencia". Sin ella, la vida no tiene posibilidad alguna de evolucionar en su devenir».

Esta elegante exposición sobre la delicadeza ilustra que no podemos forzar el cambio. En las transiciones de la vida, nos hemos de enfrentar a procesos psicológicos complicados y a emociones difíciles. La delicadeza nos pide que tratemos la dificultad con amabilidad y compasión, y que adoptemos una actitud que no sería la habitual en nuestra sociedad occidental. Estamos acostumbrados a agarrar el toro por los cuernos, a ser proactivos y ambiciosos, a reaccionar al deseo y a la aversión. Pero sabemos que actuar cuando todavía no estamos preparados, especialmente en procesos de cambio, es contraproducente. Cuando vas al médico o a un terapeuta, o incluso a ver a un amigo, para pedirle ayuda, probablemente pienses: «Ayúdame a resolverlo. Sácame este problema de encima». Sin embargo, lo que más necesitas es tener paciencia contigo mismo y con la experiencia de sentirte atrapado. Básicamente, estás siendo amable contigo, porque la paciencia te ofrece la oportunidad de silenciar a tu crítico interior y de abrirle la puerta a la autocompasión. Es una invitación personal a conocerte a ti mismo y lo que sucede en tu interior (tanto la luz como la oscuridad) para que sean tus mejores amigos. Nadie puede arreglarte nada, salvo tú. La libertad total que estás buscando se encuentra en tu interior. En tu corazón, solo tienes que verla. Préstale tu atención y cuídala, para que tu chispa interior pueda brillar.

El truco está en liberarte de la convicción de que necesitas algo externo a ti para hacer el cambio. No necesitas algo o alguien para cambiar y liberarte de tus problemas. El cambio se producirá cuando estés preparado. Entonces, los sentimientos bloqueados podrán salir a la luz y encontrar una vía de expresión. Tus sentimientos cobrarán sentido para ti: su propósito y su función te serán revelados. Podrá comenzar la integración de nuevas introspecciones y empezarás a actuar desde este nuevo estado de conciencia sublimada. Tus elecciones son más apropiadas para ti y actúas en consecuencia, gracias a esa nueva conciencia. Es como si te hubieran lanzado a un túnel donde se hubiera reducido tu campo de visión, y cuando salieras de él, lo hicieras con una visión clara y ampliada. La predisposición al cambio se puede considerar un efecto de pasar por el túnel: cuando llegas al otro lado, estás más integrado con todo tu ser. Tu experiencia de haber estado bloqueado cobra sentido, y lo que antes experimentabas como fragmentación y singularidad pasa a formar parte de ti. El conflicto interior, al final, termina devolviéndote a tu plenitud. Y cuando consideras que el esfuerzo y el resultado son seguros (es decir, predecibles), puedes liberarte de lo que te está provocando el conflicto emocional.

¿Sabías que...

... las relaciones son uno de los factores más importantes para predecir la longevidad? Un estudio longitudinal dirigido por Yang y sus colaboradores, en 2016, reveló que las relaciones influyen en nuestra sensación de bienestar, tanto psicológico como fisiológico. Por consiguiente, podríamos llegar a la conclusión de que, para tu estado de bienestar general y satisfacción con la vida, no solo importa la calidad de tus relaciones sociales, sino tu relación contigo mismo. Esto significa que cuanto más te conoces, más conoces las fuerzas subyacentes de tu motivación y tus mecanismos de acción, y mayor será tu esperanza de vida.

Voy a ponerte un ejemplo. Una madre de tres hijos menores de seis años sentía que su esposo y ella habían perdido la conexión. Estaba estresada por la agobiante fase de su vida que estaba atravesando, en la que tenía que hacer malabarismos con el trabajo, la maternidad y la logística de la vida familiar. Hacía justamente lo que los estudios recientes han demostrado que suele suceder: adoptar el tercer trabajo (además de su profesión y de su función de madre) de organizar la vida familiar. Las mujeres tenemos más tendencia que los hombres a hacer esto, y ella no era una excepción. Había empezado a tener ataques de pánico y vino a verme para encontrarles una solución. Estaba convencida de que lo que le provocaba el estrés era que su esposo no estaba a la altura. Sentía que no la ayudaba en nada, mientras ella no daba más de sí. Según su parecer, no se daba cuenta de todo lo que hacía o de la presión que soportaba, además de que consideraba que era invisible para él. Empezó a sentirse repudiada y a entrar en una espiral invertida.

Cuando vino a hacer terapia estaba convencida de que la solución a sus conflictos era el divorcio. Tenía la certeza de que la causa de todos sus problemas era él y de que podría afrontar mejor su frenético estrés diario si dejaba de formar parte de su vida. Al no estar él, tendría un factor menos del que preocuparse. A fin de cuentas, nunca hacía lo que a ella le parecía que era lo correcto y rara vez hacía lo que le pedía. En realidad, hacía justo lo contrario, y eso era una forma de rechazo. Tenía más estudios que su marido, un trabajo a tiempo completo que le exigía mucho y cobraba más que él. Aún así era ella la que lo coordinaba todo en la casa. Después de muchas sesiones, reconoció que controlar era su mecanismo de supervivencia por defecto. Sencillamente, tenía demasiada carga; sin embargo, ni se planteaba delegar algunas de sus responsabilidades en su esposo. Para que él pudiera participar, ella tenía que renunciar a algunas de sus tareas, pero lo único que veía era que él era un incompetente y que la única solución era que saliera de su vida. Así que lo dejó marchar. Al cabo de un año, seguía siendo infeliz, estando estresada y sintiéndose más sola que antes. Aunque su esposo no fuera la persona más competente del mundo, no había conseguido llegar a la verdadera causa: su creencia de que controlar su entorno podría influir en su felicidad. Esta idea la condenaba al fracaso y era la razón principal por la que tenía conflictos emocionales y se encontraba en un callejón sin salida. Al año de su divorcio, volvió a terapia. Esta vez, su reto era afrontar su soledad, cambiar sus patrones de pensamiento, que eran los que la bloqueaban, y abandonar el miedo a perder el control, por supuesto.

El proceso de transformación

El proceso de lanzarse a aguas más profundas, lejos de los conflictos emocionales, en dirección hacia la chispa interior, tiene varios pasos. Estos están inspirados en el modelo transteórico del cambio, de los psicoanalistas Prochaska y DiClemente, y nos hacen tomar conciencia de que los procesos de transformación tienen varias fases. Cuánto tiempo pasamos en cada una de ellas dependerá de cada persona, lo que importa es cuál es nuestro grado de implicación en el proceso, no la duración de cada fase. La transición entre fases ha de fluir de manera orgánica, pero no necesariamente en orden cronológico; dar un paso adelante y otro atrás es bastante habitual. A continuación hay una lista de fases que puede ayudarte a reconocerlas. Espero que contribuya a ampliar tu comprensión de ti mismo y tu paciencia.

Las fases orgánicas en un proceso de cambio

1. *Reconocer el conflicto*

   En esta fase te das cuenta de la cualidad de tu estado actual que está causando tu lucha interior. Reconoces claramente que estás en una situación que no te favorece, que las circunstancias actuales son dolorosas, que perjudican tu salud y tu capacidad para funcionar y expresarte plenamente en tu vida. En esta fase, afrontas que hay conflictos en tu vida cotidiana y, con suerte, hasta podrás describirlos, en la medida de tus posibilidades.

2. *Deseo de cambiar*

   En esta fase, sientes esa sensación interna de querer que cambie tu situación. Ya eres capaz de expresar que no quieres seguir en ese estado de agitación, y que te gustaría vivir con más tranquilidad. Quizás hasta puedas verbalizar qué es lo que te gustaría que fuera distinto, qué desearías que cambiara o que ya no deseas que esté en tu vida. En esta fase, estás conectado con tu propio compromiso con tu camino hacia la tranquilidad.

3. *Revelaciones sobre el sentido pleno*

A medida que te vas cuidando más y aumentan los momentos de paz, te vas preparando para asumir plenamente los conflictos que estás experimentando, es decir, tu oscuridad interior. Cuando has reflexionado, contemplado, meditado lo suficiente, o realizado bastante terapia, empiezas a tener revelaciones claras sobre la complejidad de tu situación. Tienes una visión renovada sobre ella, atas cabos en tu relato actual respecto a tu persona y descubres el sentido. Ves tu lucha dentro de un contexto más amplio, tu sufrimiento tiene una razón de ser y te sientes preparado para pasar a la siguiente fase del proceso de cambio. El estancamiento se transforma en una cualidad más llevadera, pues empiezas a percibir el significado que tiene ese sentimiento en tu vida. Identificas los constructos o condicionamientos mentales que fomentan la lucha, y gracias a ello, puedes empezar el trabajo.

4. *Consideración: del péndulo de la ambivalencia*

Este trabajo implica considerar los pros y los contras de lo que vas a ganar y perder cuando salgas de tu situación actual. Empiezan las negociaciones. Negocias con tu propia motivación sobre qué es lo que vas a ganar alejándote de lo conocido, pero que ya no te sirve, y adentrándote en lo desconocido, pero que has decidido que probablemente sea lo más adecuado para ti. En esta fase, pasarás tiempo recopilando información, quizás hasta visualizándolo, sobre cómo será o cómo te sentirás en el futuro. Cuanto más claras y tangibles sean tus metas, menos esfuerzo tendrás que hacer para alcanzarlas y más fácil te resultará evaluar qué necesitas para llegar a ellas. Esta fase es el proceso de ver y aceptar todas tus partes, incluidas las que no te gustan, las aguas oscuras y los aspectos que contribuyen a que sigas en conflicto.

5. *Capacidad de acción*

La capacidad de acción llega cuando has adquirido suficiente información acerca de hacia dónde te diriges y confías en que tienes lo que necesitas para llegar hasta allí. Tienes confianza en ti mismo y en tus recursos, y te armas de paciencia y delicadeza. Esto significa que has ensanchado tu margen de tolerancia con tus emociones difíciles y les das el espacio que necesitan. Te permites sentir plenamente las cosas tal como son. Eres capaz de conocerlas y verbalizarlas, o manifestarlas de alguna manera constructiva o inteligente, para seguir avanzando sin violencia y con gracia. Das los pasos necesarios para ponerte en marcha y llegar a donde quieres ir.

6. *Integración*

Aquí ya se ha producido el cambio y has aterrizado al otro lado con los dos pies en el suelo. Esta fase exige un compromiso constante. La integración no es un lugar donde aterrizas y te quedas sin más, porque fácilmente podrías hacer un retroceso. Es el efecto de la constante indagación, compromiso y acción, con la intención de cuidar de tu salud emocional y mantener tu chispa interior. Esto es esencial, porque en el proceso de salir del conflicto, tú eres el agente primordial de tu bienestar emocional. La forma en que te implicas en tu experiencia y la frecuencia con la que lo haces afectará a tu estado de salud general.

Cabalgar sobre las olas de la emoción

En primer lugar, hacemos una pausa; después, llegarán las revelaciones interiores que serán como gotas de miel. En las técnicas del *mindfulness*, aprendemos que podemos trasladar nuestro foco de atención de un objeto a otro, y dirigirlo deliberadamente. Así es como aprendemos la técnica de la atención selectiva. Una vez que hayamos practicado esto durante un tiempo, a la par que la bondad y la imparcialidad, daremos el siguiente paso.

Aprendemos a estar serenos ante cualquier acontecimiento en nuestro panorama interior, en un momento dado. Esta es la metaperspectiva, ver nuestros objetos mentales, dentro de un contexto más amplio. Nos convertimos en observadores o testigos neutrales de todo lo que sucede en nuestra mente, como si estuviéramos viendo una película: los pensamientos, recuerdos y fantasías son como las imágenes que vemos proyectadas en la pantalla. La técnica de dirigir la atención hacia cierto objeto, como la respiración o las sensaciones corporales, o algo que tengas delante, es una práctica que nos ayuda a centrarnos en el momento presente. Siempre podemos usar esta herramienta para regresar al cuerpo, lo cual puede ser necesario, cuando la película que estamos viendo es demasiado fuerte. Si la película mental crea o agrava emociones intensas, podemos vernos arrastrados hacia el centro del escenario y perder esa metaperspectiva. Regresar al cuerpo nos ayuda a gestionar estas situaciones.

Las emociones difíciles pueden ser como un torbellino, que nos absorbe en su espiral hasta conducirnos a la agitación. Esto supondría una experiencia vertiginosa, de la cual no sería fácil escapar. El mero hecho de aceptar la aparición y desaparición de esta intensidad no es nada fácil, especialmente si no hemos visto venir esta oleada de emociones virulentas.

Para cabalgar sobre estas olas, necesitamos resiliencia emocional. Podemos forjar esta resiliencia practicando varios ejercicios que reforzarán nuestra resistencia emocional y nuestra tolerancia; de este modo, cuando llegue la ola estaremos preparados. Practicamos cuando el mar está en calma. Entonces, cuando las aguas empiecen a agitarse y a formarse las olas, dispondremos de las técnicas necesarias para no ahogarnos.

Para crear resiliencia emocional se necesita espacio mental. Para encontrar y desarrollar ese espacio mental, hemos de disponer de suficiente tiempo, y también de lo que a mí me gusta llamar pausas potentes o momentos ontológicos. Me refiero a esos momentos en los que observas que te abres mentalmente y sientes que tus turbulencias interiores retroceden. Son momentos en los que puedes permanecer en la metaperspectiva. Así que no entras en el torbellino, sino que lo contemplas desde fuera. En vez que ser vapuleado por las olas cuando rompen, cabalgas serenamente sobre ellas, suave e incesantemente: habrás encontrado la tranquilidad en la agitación.

Hay algunas prácticas simples y hermosas para abrir el espacio mental. Vamos a probar una de ellas.

INCENTIVO PARA ACTUAR
Pausas potentes

Práctica de escritura

En esta práctica, te vas a invitar a un espacio de tranquilidad y delicadeza, y vas a revisar actividades o pausas potentes que creas que están a tu alcance. Las pausas potentes son actividades restauradoras y que mejoran tu estado de ánimo.

1. **CONECTA:** busca un lugar cómodo para sentarte. Dedica unos minutos para centrarte en este momento presente. Cierra los ojos o mira al suelo sin forzar la mirada. Permanece así unos momentos, sentado y respirando.

2. **TRANQUILÍZATE:** toma papel y lápiz y escribe frases que empiecen por: «La última vez que me sentí libre y que fluía fue cuando...». Termina la frase. Describe la situación que se te ocurra con la mayor cantidad de detalles. Escribe al menos tres situaciones. Te animo a que describas estos aspectos por cada una de ellas:

- ¿Qué sentimientos o emociones despertó en ti esa situación?
- ¿Dónde estabas en aquel momento?
- ¿Qué sensaciones tenías en tu cuerpo?
- ¿Qué tipos de pensamientos tenías?

3. **CUIDADOS PERSONALES:** a continuación, haz una lista que contenga de cinco a diez actividades que sepas que supondrán una pausa de tu estado de hacer constante o de las conductas impulsadas por tu mente. Esta es una lista de actividades de cuidados personales. Han de ser cosas con las que disfrutes, que te hagan feliz y que te reconforten, pero a las que nunca dabas prioridad, por las razones que fueran (como falta de tiempo).

Puedes hacer una lista decorativa, para colgarla en la pared, como recordatorio diario o bien para llevarla en el bolso. ¡O ambas cosas!

En «Las recetas para el bienestar» (página 239), lee la que corresponde a la *perspectiva*, en el último capítulo del libro, donde especifico la función, la dosis y las contraindicaciones.

Tercera parte:
CAPACIDAD DE ACCIÓN

Moverse con intención

Esfuerzo eficaz y tomar decisiones correctas

CAPÍTULO 7

Cómo superar los conflictos

Ocho pasos para la acción

¿Te has fijado en cómo cambia la montaña cuando los rayos de luz se reflejan en las rocas? ¿Cómo las sombras y las oscuras grietas, de pronto, revelan sus secretos? ¿Cómo brillan las piedras grises, de repente, como si fueran gemas? ¿Cómo los puntiagudos picos se tornan en formaciones suaves y delicadas? ¿Y cómo los picos más altos, adentrándose peligrosamente en el cielo, se convierten en miradores de los paisajes más espectaculares que tus ojos hayan contemplado jamás?

En la primera y segunda parte de este libro, he sentado unas sólidas bases para que aprendieras a conocerte a ti mismo y a entender tu situación actual. Hemos eliminado las capas sobre lo que tenías poco o ningún control, para que descubrieras lo que sí controlas y empezaras a sentir tu verdadero poder: tu capacidad de acción. Ahora, en esta última parte, exploraremos *cómo* pasar a la acción, para crear un verdadero cambio en tu situación. Espero que, en este retiro casero, hayas tenido tiempo para hacer las prácticas y los incentivos para actuar. Siempre puedes volver a leerlos y a practicarlos.

Vive en tus paisajes

Bodø es el nombre de la ciudad donde nací y me crie. Su nombre se compone de dos palabras *bo* y *dø* que, literalmente, significan 'vivir' y 'morir'. El nombre de la ciudad hace referencia a la granja en torno a la cual se construyó, y también se refiere al paisaje. Además, significa 'vivir en una isla', pues Bodø está emplazada en una península. No obstante, la referencia a la vida y la muerte le da al nombre un matiz más poético y, personalmente, siento que ilustra mucho mejor sus desoladores, mágicos y majestuosos paisajes. Hay una belleza salvaje en su crudeza.

Estoy segura de que habrás observado que mantengo una relación especial con este lugar y que me siento profundamente conectada con su naturaleza. Creo que, de una manera u otra, todos tenemos una conexión especial con el lugar en el que hemos nacido. A mí, que he viajado por muchos países y vivido en ellos, con paisajes diferentes, me fascina la poesía del paisaje. Y el efecto que tiene en nosotros y en nuestro paisaje interior me resulta igualmente fascinante. Me encanta regresar a mi hogar del Norte. Es como volver al paraíso.

La naturaleza, al igual que las escuelas de pensamiento oriental y la filosofía del *mindfulness* y de la compasión, nos regala algunas enseñanzas sólidas. La primera vez que llevé a mi esposo, tuve que iniciarlo en algunos de los secretos que has de conocer para vivir en el hemisferio ártico. Le encantaban, y todavía le gustan, las playas de arena blanca, de esas que se pierden en la distancia cuando las miras, con sus aguas azules cristalinas. Y nosotros las tenemos. Fascinante, ¿verdad? No obstante, por esas latitudes, el agua siempre está condenadamente fría, por ser benévola. Incluso en verano, cuando las playas están llenas, con temperaturas de 30 ºC (sí, es cierto) y quieres darte un baño refrescante, si intentas meterte en el agua tendrás la sensación de que vas a sufrir un paro cardiaco. En Escandinavia, bañarse en agua helada suele ser una actividad terapéutica muy popular, especialmente en invierno.

Uno de los secretos para vivir en el Ártico que le transmití a mi esposo fue este: *no hay mal tiempo, sino ropa inadecuada*. Por mundano que pueda parecer, encierra un profundo mensaje, que creo que refleja la actitud de las personas que somos de allí. Es una actitud imprescindible para afrontar la oscuridad del invierno y la eterna presencia de luz en verano. La clave está en sintonizar con la naturaleza. Nos adaptamos viviendo en este entorno, en estos paisajes. Podemos revisar nuestras aplicaciones del móvil para saber si va a dejar de llover, pero es muy probable que sus predicciones no sean muy exactas. Depender de la aplicación significa que te arriesgas a esperar hasta la desesperación. Aquí, vivimos con tormentas, vamos a pasear cuando llueve, corremos sobre el hielo (bueno, yo no, pues he de confesar que no soy una buena corredora). Nos ponemos nuestras deportivas con clavos y salimos (salen) a correr. Subimos montañas con cuidado. Y nos tiramos a la gélida agua. Hablamos del tiempo como si fuera una persona. «Estuvo fuerte anoche» es como solemos hablar de una tormenta que casi destroza nuestros tejados. Y pasamos tiempo en contacto con la naturaleza. Tal como es. Sin esperar a que haga buen tiempo.

Adaptarnos a nuestras circunstancias y a nuestro entorno es una de las especialidades del ser humano. No obstante, es importante recordar que esta adaptación no debe ser a expensas de nuestro bienestar.

¿Sabías que...

... nadar en agua fría puede ser bueno para tu salud mental? Una vez que has superado la sensación de que se te congele el trasero, nadar en agua gélida puede resultar muy revitalizante. La hidroterapia se remonta a la Antigüedad; en aquel entonces se pensaba que exponer la piel a agua de varias temperaturas aliviaba los estados de ánimo depresivos. En la actualidad, algunos terapeutas afirman que nadar en agua fría reduce los síntomas de la depresión y la ansiedad. Los estudios preliminares que se han realizado han dado resultados positivos, aunque esta teoría todavía se ha de estudiar de manera más estructurada, con grupos de estudio más extensos y durante mayor duración de tiempo. Mientras tanto, siempre puedes investigar por tu cuenta y convertirte en el protagonista de tu estudio. ¡Báñate en aguas frías y observa cómo te sientes! Las teorías biofílica y de la restauración de la atención postulan que esta exposición tiene sus beneficios. La teoría biofílica afirma que estar en contacto con la naturaleza genera un incremento de la productividad y de los beneficios para la salud, y defiende la hipótesis de que prosperamos cuando conectamos con la naturaleza y con otros seres vivos.

El compromiso con nuestra propia capacidad de acción

Las personas que practican yoga o técnicas de *mindfulness* desde hace tiempo saben que hace falta disciplina para practicar regularmente los ejercicios de meditación y de contemplación. Has de comprometerte a la autoindagación continua, como forma de vida. Has de desarrollar la disciplina de desvelar tus condicionamientos mentales, pues tendrás que enfrentarte a ellos una y otra vez, a medida que vayan adoptando nuevas formas, como pensamientos y acciones. Aceptamos este compromiso de autoindagación porque sabemos que, cada día, nos enseña un poco más sobre nosotros mismos y nos ayuda a encontrar la serenidad en los tiempos difíciles. Optar por la delicadeza y la paciencia nos permite acceder a nuestra capacidad de acción y nos ayuda a encontrar las herramientas que necesitamos, en cada situación, para salir del conflicto emocional. Cuanto más nos inclinamos hacia la compasión y la comprensión de nosotros mismos y de nuestra situación, más cuenta nos damos de que aferrarnos a nuestras ideas y creencias de estar bloqueados es lo que no nos deja salir de nuestro estado de agitación.

En este capítulo veremos los ocho aspectos de la capacidad de acción, que te ayudarán a ser tolerante contigo y a desbloquearte. Son recordatorios, a la vez que puntos de acción. Si quieres ver algún cambio en tu vida, liberarte de tus luchas internas y del malestar que estás experimentando, tendrás que trabajar cada uno de estos ocho pasos. Tendrás que seguirlos conscientemente y evaluar el efecto que, en estos momentos, tienen para ti. De ti depende que los uses a tu favor o que contribuyan a empeorar tu bloqueo. Nadie puede hacerlo por ti. Si te cuesta, puedes pedir que alguien te ayude. Pero la *acción* real te corresponde a ti y nadie más puede hacerlo. Este paso a la acción, probablemente, será la parte más difícil de este proceso; por eso, espero que tengas un momento para recordarte amablemente que no has de perder tu delicadeza y paciencia contigo mismo.

Los ocho aspectos de la capacidad de acción

Existen muchos buenos consejos para ayudarte a superar tus conflictos emocionales. El mejor y más útil es que te responsabilices de ti mismo. Esto se conoce como capacidad de acción.* Para conservar tu salud emocional y mejorar tu bienestar, tendrás que actuar. Los ocho aspectos siguientes de la capacidad de acción están inspirados en una traducción del óctuple camino que enseñó el Buda, y que aprendí de mis maestros de Spirit Rock. Estos puntos deberían ayudarte a resolver tu caos interior y a aliviar tu sensación de agobio, a medida que vas aprendiendo a

---

* En el ámbito de la filosofía y de la sociología, se utiliza el término *agencia* para definir la capacidad que posee un agente (o persona) para actuar en el mundo. Es el término que usa la autora, pero a fin de facilitar la lectura, dado que es una palabra que podría dar lugar a otras interpretaciones en castellano, he preferido usar *capacidad de acción* (Nota de la T.).

ordenar, clasificar y colocar tus experiencias y sentimientos en el lugar que les corresponde y bajo la perspectiva correcta. Una vez hecho esto, podrás lanzarte de lleno a tus aguas profundas con la confianza y seguridad de que no te hundirás, y podrás ordenar ese caos interior. Con estas prácticas herramientas, te liberarás de los conflictos emocionales y de la agitación.

Los aspectos no son ejercicios ideados para que destaques en nada. Son características para que contemples tu estado de presencia, es decir, tu relación contigo mismo y con tu vida diaria. Utilízalos para descubrir si pueden ayudarte a sintonizar con el presente. Las habilidades que empleas han de estar en sintonía con tus necesidades, con la fase de la vida en la que te encuentras, con tu estado de salud general, con tu situación económica y con tus relaciones. No hay nada que lograr, ninguna meta que fijar, solo recordarte dónde estás, para que puedas mantener tu atención clara. Especialmente en los momentos de transición, cuando pueden acentuarse las emociones, es importante que seas capaz de expresar y regular las fluctuaciones internas. Las transiciones son habituales en la vida. Esto es lo que implica estar vivo, el movimiento y la transición son constantes, tanto si se refieren a las personas que conocemos y amamos como a nosotros mismos, a nuestras experiencias internas y externas, y a nuestros corazones. Así es la vida.

Los ocho aspectos siguientes de la capacidad de acción son recordatorios útiles para los malos tiempos, sobre todo cuando se incrementa nuestro deseo de controlar la situación y empiezan a aparecer síntomas de ansiedad. No es necesario que los uses en el mismo orden, basta con que te sirvan para reflexionar y ampliar tu perspectiva. Hazlo con delicadeza.

Los ocho aspectos están interrelacionados y actúan en varios niveles simultáneamente. Se manifiestan en el plano individual (o intrapersonal: mí, yo mismo y yo). Pero también lo hacen en el interpersonal, es decir, en tus relaciones más próximas. Por último, lo hacen en el plano social. Estos tres planos actúan a un mismo tiempo e influyen el uno en el otro. Tu relación contigo mismo y tus sentimientos hacia ti influirán en tu visión de tus allegados y en tu interacción con ellos, en la percepción de tu entorno y en cómo te desenvuelves en él. Asimismo, el estado de tu entorno y la calidad de tus relaciones te afectarán en tu estado de ánimo. Estés donde estés, siempre puedes evolucionar, no importa cuáles sean tus recursos y tu genética. Puedes explorar y trabajar estos aspectos de tu capacidad de acción, que te aportarán más bienestar emocional y sostenibilidad mental.

Los ocho aspectos que vas a ver —habla eficaz, acción eficaz, medio de vida eficaz, esfuerzo eficaz, atención eficaz, concentración eficaz, pensamiento eficaz y entendimiento eficaz— facilitarán tu capacidad de acción y aportarán medios hábiles para relacionarte contigo mismo, con los demás y con tu entorno.

Los tres primeros aspectos que describiré están relacionados con la ética subyacente a nuestro comportamiento y con sus directrices. Hacen referencia a cómo elegimos vivir en el mundo o implicarnos en él.

1. Habla eficaz.

El *habla eficaz* tiene lugar cuando somos capaces de superar la voz interior de la autocrítica y restarle importancia. Por naturaleza, nuestra mente suele aferrarse a los comentarios negativos, en vez de a los positivos. Recuerda que el principio de la escasez hace que la mente se enfoque en lo que no tiene y fomente conductas que compensen lo que está mal. Por ejemplo, el lenguaje corporal de una persona deprimida transmite tristeza y soledad; de este modo, comunica a su entorno que necesita consuelo y proximidad. Este mismo mecanismo garantiza que escuchemos las reacciones negativas, en vez de las positivas (se supone que lo negativo nos motiva a actuar y a cambiar). No obstante, tenemos la tendencia a aferrarnos y a ahogarnos en las críticas con las que nos bombardeamos durante toda la vida. Integramos estos comentarios en nuestra voz interior y se convierten en habla crítica y creencias que van en nuestra contra. Hablarnos de esta manera no nos hace ningún bien a largo plazo.

El habla eficaz se rige por la tranquilidad, te permite responder con compasión, curiosidad y bondad, en vez de criticar y reaccionar. Es un arte y requiere práctica, tanto cuando la practicas interpersonalmente (entre tú y los demás) como intrapersonalmente (en tu interior), que quizás sea lo más peliagudo.

Como hemos visto en capítulos anteriores, ser compasivo y amable contigo mismo se complica cuando la agitación aumenta. Y la voz interior se apunta a esa agitación: a medida que se intensifican las emociones difíciles, más crítica se vuelve, lo cual puede conducirnos a una espiral invertida. Veremos esto con más detenimiento en el capítulo ocho, pero, por el momento, ¿por qué no empiezas a observar *cómo* hablas contigo mismo (internamente) durante el resto del día? ¿Te estás animando o criticando? ¿Qué palabras utilizas? ¿Utilizas palabras de crítica o te hablas con respeto?

2. Acción eficaz.

La *acción eficaz* es elegir las formas más correctas de actuar; en la teoría es más fácil que en la práctica. De nuevo, se trata de decantarte por la delicadeza, de elegir la tranquilidad, en vez de luchar contra ti mismo y oponer resistencia. También hemos visto que liberarte de los condicionamientos y de los patrones habituales es un proceso tedioso que consume mucha energía. Veamos cuáles son estas acciones eficaces.

En primer lugar, las acciones eficaces son las que te sirven ahora. El énfasis está en la palabra *ahora*: estas acciones son adecuadas para ti ahora. Puede que no fueran las que necesitabas el año pasado o lo que necesitarás dentro de diez años.

Las acciones eficaces son terapéuticas y traen cosas buenas. Para poder realizarlas, es importante que sepas lo que necesitas.

Aquí tienes algunos ejemplos de acciones posibles:

- Actividades que tengan que ver con cuidados personales o acciones más formales para cuidar de tu salud.
- Establecer límites.

- Replantearte la continuidad de relaciones conflictivas.
- Tomar decisiones firmes.
- Adquirir conocimientos nuevos.
- No hacer nada.

Cuando experimentamos niveles altos de agitación interior, es habitual que empecemos a darles vueltas a las cosas. En la búsqueda de una salida, vemos la puerta, pero cada vez que nos acercamos a ella, nuestros pensamientos obsesivos nos devuelven al punto de partida. Llevamos el piloto automático y corremos en círculos. A veces, para llegar a esa puerta y cruzarla, necesitamos que otra persona nos la abra. O tal vez que alguien nos ayude a salir de ese bucle, aparentemente interminable, de pensamientos obsesivos. El tipo de valor que más admiro en alguien es que sea capaz de decir: «Necesito ayuda. Estoy obcecado. Estoy sufriendo. Creo que sé algunas de las razones, pero necesito ayuda. No puedo salir de esto solo. Por favor, indícame cómo». Pedir ayuda es, sin lugar a dudas, acción eficaz en su mejor forma. Reconocer que intentar hallar la salida tú solo no te está funcionando es un gran paso. Pedir ayuda es lo más adecuado que puedes hacer.

Piensa en tu situación actual y en cómo estás intentando resolverla: ¿te sería útil pedir ayuda?

3. Medio de vida eficaz.

Tener trabajo y una profesión que te guste y con la que te sientas realizado es un gran logro. No obstante, el *medio de vida eficaz* no significa que tengas que descubrir lo que más te apasiona y ganarte la vida con ello, para realizar tu potencial. Por el contrario, te insta a que consideres ganarte el sustento éticamente como un trabajo en sí mismo, donde el esfuerzo que realizas y el resultado que obtienes te sirven a ti y a tus seres queridos de manera equilibrada. Tu medio de vida no solo ha de servirte honradamente a ti, sino a los demás y a la sociedad. Un ejemplo de medio de vida *no* eficaz sería dedicarte a la fabricación o venta de armas. O a cualquier otra cosa que perjudique a la naturaleza o que no sea sostenible para tu comunidad. Cualquier cosa que no sea ética o que no aporte nada.

Cambiamos mucho a lo largo de nuestra vida y, por consiguiente, también cambian nuestras necesidades. Nuestra esencia sigue siendo la misma, pero nuestras prioridades pueden fluctuar. Por tanto, aquel medio de vida con el que tanto disfrutaste en una etapa de tu vida puede cambiar radicalmente con el tiempo. También he mencionado antes que nuestra sociedad fomenta la realización personal a través del trabajo, nos dice que podemos hacer todo lo que nos propongamos. No estoy de acuerdo. Pretender alcanzar lo desconocido puede resultar más inquietante y confuso que ninguna otra cosa.

El concepto de que la vida empieza fuera de nuestra zona de confort, de que siempre hemos de estar ensanchando nuestros límites, no sirve para mucho. Este concepto refuerza la creencia de que la situación en la que te encuentras en estos momentos no es suficientemente buena. Por eso, te animo a que reflexiones y descubras en qué punto estás ahora: ¿de qué dispones y qué necesitas? Utiliza esto como guía, en vez de ir hacia lo desconocido, a ese lugar allí fuera. A veces, hemos de reducir el tamaño de nuestro mundo para que esté más a nuestro alcance, no ir siempre en busca de lo que no tenemos. Podemos crecer con nuestros recursos actuales. No deberíamos considerar el medio de vida eficaz como si fuera algo aislado, no se trata únicamente de conseguir el mejor trabajo, carrera o proyecto, sino que también abarca una extensa gama de aspectos.

Aquí tienes algunas preguntas que debes tener en cuenta:

- «¿Me está sirviendo? ¿Cómo?».
- «¿Sirve a mi familia o a mi comunidad más próxima? ¿Cómo?».
- «¿Sirve a la totalidad de la sociedad? ¿Cómo?».

Los tres aspectos siguientes están relacionados con la calidad de tu presencia cuando interactúas con tus seres queridos (incluido tú) y con tu entorno. Se trata de tu presencia mental, de centrar tu atención, actitud y cualidad mental.

4. Esfuerzo eficaz.

Este me encanta: el *esfuerzo eficaz* se podría resumir como regular tu energía. A menudo reviso este aspecto, especialmente en etapas frenéticas. Y considero que es de suma importancia, si quieres pasar a la acción cuando estás abrumado por tu larga lista de cosas pendientes. Es importantísimo que analices cómo haces las cosas y la cantidad de esfuerzo que inviertes en hacerlas. No es lo que hacemos, sino cómo lo hacemos, lo que determinará el efecto que tiene sobre nosotros.

Uno de mis maestros me dio un hermoso consejo: cuando hagas algo, consulta contigo mismo. ¿Cuánta energía (mental y física) te exige realmente? ¿Cuánta energía le dedicas? Por ejemplo, observa las cosas que haces cada día, como hacer la colada o limpiar la casa, ir a comprar y cocinar (y no te olvides de pensar en lo que vas a cocinar), o piensa en cómo trabajas, tu forma de revisar los correos electrónicos u otras actividades, y reflexiona sobre el tipo de esfuerzo que realizas. ¿Lo haces con una potencia de diez caballos cuando solo necesitas uno?

Cuando hemos examinado el paradigma del perfeccionista, he expuesto una imagen romántica de lo que supone estar ocupado. La multitarea se ha puesto en un pedestal, y medimos nuestro éxito y nuestra felicidad por nuestros logros. Jamás le he oído decir a un paciente: «Hago demasiado poco». No obstante, son muchos los que me han confesado que no pueden encontrar la paz y relajarse. Incluso cuando están sentados o tumbados en un sofá, supuestamente descansando, no son capaces de relajarse. Sus pensamientos caóticos siguen estando presentes. Tienen tensión en los músculos del cuello y de los hombros. Sienten como si tuvieran una pesada piedra en el vientre, tienen opresión torácica. Aunque estén absortos mirando Netflix, siguen estresados.

Una paciente me dijo no hace mucho:

—La impaciencia puede conmigo. Me incita a hacer las cosas deprisa y varias a la vez. Me hace feliz. O no, solo me contenta. O no. No. Me estresa. Pero mi voz interior sigue diciéndome que haga las cosas de esta manera. Saca esto o aquello de tu camino. ¡Y gracias a esta voz soy muy eficiente! Entonces, cuando ya lo he hecho todo, puedo relajarme.

Y le respondí:

—Pero ¿me acabas de decir que no puedes relajarte cuando por fin te sientas? ¿De quién es esa voz realmente, esa voz interior que te está diciendo que hagas las cosas?

Hizo una breve pausa.

—Sí. Es la voz de mi padre. —Entonces, dio un profundo suspiro y dejó que fluyeran sus miedos.

Te invito a que dediques el resto del día a observar el tipo de *esfuerzo* que empleas en hacer las cosas. ¿Cómo te sientes mientras realizas tus actividades. ¿Crees que tu nivel de energía y el esfuerzo que requiere hacer lo que haces está compensado?

5. Atención eficaz.

La *atención eficaz* también se conoce como la actitud de la atención. Es un bello aspecto de la capacidad de acción personal, y a la vez, muy engañoso. No solo implica lo que piensas y lo que sientes respecto a ti mismo, sino *cómo* te relacionas contigo mismo. ¿Cómo te encarnas a ti mismo? ¿Con qué cualidad? ¿Qué visión? En este aspecto, el *mindfulness* se define como una actitud de bondad y aceptación, no de crítica, y como una presencia en el aquí y ahora. La atención eficaz es una actitud de atención al presente y se refiere a cómo es tu relación contigo y al contenido de tu paisaje interior.

Esto es especialmente importante cuando se trata de los aspectos que no te gustan y detestas de ti. Piénsalo un momento: ¿cómo te relacionas con ellos? ¿Cómo los manifiestas? ¿Intentas evitarlos? ¿Haces como si no existieran? ¿Intencionada o inconscientemente? ¿Cuál es tu actitud preferida, el control y la resistencia o la paciencia y la amabilidad?

Lo mismo sucede con las personas que te rodean. Quizás tus seres queridos hacen algo que no apruebas. Tal vez tienes compañeros de trabajo que no te caen bien. La atención eficaz o la cualidad de tu actitud es lo que marca la diferencia. Estoy segura de que lo habrás observado en algunas de tus relaciones e interacciones. Por ejemplo, en tu vida profesional, ¿cómo prestas atención y cómo lo expresas delante de tu superior? ¿Y con un compañero o compañera? ¿O cuál es tu actitud cuando estás con tus abuelos, con tus padres, con tu pareja o tus hijos? Nos comportamos de manera distinta, según lo que creamos que los demás necesitan o esperan de nosotros. Este paso nos enseña a ser conscientes de nuestras actitudes con los demás y con nosotros mismos, y nos aclara nuestras intenciones en esos encuentros.

Dedica unos momentos a revisar. ¿Qué actitud has tenido contigo en el día de hoy? ¿Y con tu pareja? ¿O con tus compañeros? ¿Vas con el piloto automático o eres consciente de cada interacción?

6. Concentración eficaz.

Cómo centramos nuestra atención y la actitud detrás de ella era el tema del quinto aspecto, la atención eficaz. Ahora toca la *concentración eficaz* o atención focalizada. Se refiere a en *qué* centramos nuestra atención, nuestra *atención selectiva*. Esta habilidad está regulada por el córtex prefrontal y significa que podemos cambiar nuestro foco de atención deliberadamente.

Por ejemplo, si nos vemos atrapados en una espiral invertida de pensamientos obsesivos, preocupaciones o miedos, técnicamente podemos trasladar nuestro foco de atención hacia otra cosa. Una práctica de *mindfulness* que se suele utilizar para ilustrar esto es el ejercicio de la nube: imagina que tus pensamientos son nubes y que puedes observarlos en cuanto aparecen, planean por tu atención un rato y, luego, desaparecen de tu vista. Este ejercicio te obliga a que adoptes la perspectiva del observador. Dejas espacio y te alejas de lo que estás pensando en este momento. Te invita a una metaperspectiva, en la que puedes ser consciente de tus pensamientos, en lugar de que te abrumen.

Vamos a probar, primero con los objetos externos. ¿Qué es lo que ves ahora? ¿Qué formas? ¿Son objetos grandes o pequeños? ¿Están cerca o lejos? Ahora escucha: ¿Qué sonidos escuchas ahora? ¿Son agudos, graves, lejanos o cercanos? Del mismo modo que podemos dirigir nuestra atención de un órgano de los sentidos a otro, también podemos canalizar nuestra atención, desde la información sensorial o corporal hasta los pensamientos o emociones, adoptando la perspectiva del observador.

7. Pensamiento eficaz.

El *pensamiento eficaz* es otro aspecto que aporta más conciencia. No se trata de pensar bien o mal, sino de ser consciente de las intenciones que se ocultan detrás de tus pensamientos. Tal vez sería más apropiado llamarlo intención correcta.

Este aspecto aflora cuando te planteas *cómo calificas una situación*. Cómo percibes tu papel, tu habilidad de controlarla y lo que crees que deberías hacer respecto a ella. El pensamiento eficaz tiene que ver con cómo calificas tu propia capacidad para actuar o tu responsabilidad, y con cómo te relacionas con la situación. ¿Te está pasando a ti? ¿Eres un testigo fortuito? ¿Cómo te ves dentro de la situación? ¿Puedes implicarte con competencia y ser fiel a tus intenciones?

Por ejemplo, el pensamiento eficaz no dejará que seas arrastrado hacia un torbellino de pensamientos erróneos y negativos sobre ti mismo y tu lugar en el mundo. Se trata de darte cuenta de que puedes salir de ese torbellino y modificar las intenciones que te conducen a actuar. Entonces puedes recalibrar tus acciones como corresponde. Este aspecto implica ser consciente de tu estado mental y convertirte en el testigo de tu mente.

8. Entendimiento eficaz.

El *entendimiento eficaz* significa que tienes en cuenta cuáles son tus preocupaciones actuales, de dónde proceden y cómo te afectan o impiden que sigas avanzando, y por último, cómo superarlas. Esto abarca prácticamente todo lo que hemos visto hasta ahora en este libro.

Este aspecto incluye el concepto que tienes sobre ti mismo, sobre el mundo y sobre tu lugar en él. Observas cuál es tu visión y te comportas y actúas de acuerdo con ella. Eres consciente de tus sentimientos y respuestas en cada circunstancia. ¿Eres capaz de observar con ecuanimidad o eres reactivo? El entendimiento eficaz también conlleva ser capaz de reconocer y respetar las ideas ajenas, especialmente si difieren de las tuyas.

Piensa en algún conflicto reciente, como una pelea con alguien. ¿Cómo veías el conflicto cuando lo estabas viviendo? ¿Cómo lo ves ahora? ¿Puedes entender la perspectiva de la otra persona?

El entendimiento eficaz es la habilidad de tener en cuenta que las personas son entes separados con paisajes interiores, formas de pensar, sentimientos y necesidades propios. Tiene que ver con tu capacidad de empatía.

Mis hijos son los protagonistas de las mejores anécdotas de mi vida. Max, el mayor, un día, estaba correteando por la casa cuando, de pronto, se detuvo junto a la mesa donde estaba sentada.

—Mamá —me dijo—. He deducido algo.

—¿Qué es? —le pregunté.

—Bueno, ¿sabes la idea que tenemos de cómo gira el mundo?

—Sí —respondí expectante.

—Pues no es como pensamos. Somos los humanos los que lo empujamos y hacemos que vaya adelante y atrás.

Me reí al escuchar esta novedosa afirmación, y tenía razón. Nuestra comprensión del funcionamiento del mundo influye en nuestra interacción con lo que nos rodea. Lo que creemos que es cierto prepara el terreno para nuestras acciones. Por consiguiente, replantearnos nuestros pensamientos, hasta qué punto son correctos, es una buena herramienta para liberarnos de las garras de las creencias limitadoras y de las expectativas.

INCENTIVO PARA ACTUAR
Poesía en movimiento

Práctica de yoga consciente en movimiento (de quince a treinta minutos)

Este incentivo para actuar es uno de mis favoritos. Nos ayuda a conectar con nosotros mismos y a estimular nuestros sentidos, especialmente el sexto, el sentido de la cinestesia o la sensación sentida.

1. **EL CUERPO:** túmbate en el suelo bocarriba. Colócate formando una estrella, con los brazos y las piernas estirados y separados hacia los lados. Al inspirar, crece y estírate todo lo que puedas, y procura que la parte posterior de tu cuerpo esté lo más en contacto con el suelo posible. Al espirar, libera y relaja. Repítelo cinco veces (o más, si lo prefieres).

2. **LA CARA:** haz muecas tensando y estirando la cara, cierra los ojos apretándolos con fuerza y aprieta la mandíbula (gesticulando), luego abre bien los ojos y la boca. Repítelo cinco veces (o más, si lo prefieres).

3. **LOS OJOS:** gira los ojos hacia arriba, hacia abajo, de lado a lado, en diagonal hacia arriba a la derecha, hacia abajo a la izquierda, luego hacia arriba a la izquierda y hacia abajo a la derecha. Haz círculos con los ojos, primero en un sentido y luego en el otro. Repítelo dos veces (o más, si lo prefieres).

4. **EL CUELLO:** siéntate con la espalda recta y con la cabeza en perfecto equilibrio sobre la columna. Inspira profundo y al espirar gírala hacia la derecha. Al inspirar vuelve al centro y al espirar de nuevo, gírala hacia la izquierda. Sigue de este modo durante unas cuantas respiraciones. Luego empieza a dejar

caer la cabeza lateralmente, acercando la oreja al hombro, del mismo modo, sincronizando movimiento y respiración. Para terminar este ejercicio, haz círculos completos con la cabeza, primero en un sentido y luego en el otro. Repítelo dos veces de cada lado (o más, si lo prefieres).

5. **LA COLUMNA:** ponte a cuatro patas, apoyando las manos y las rodillas en el suelo. Procura que las rodillas estén separadas y en línea con las caderas, así como las manos deben estar en línea con los hombros. Al inspirar, eleva el pecho y mira hacia arriba, la zona lumbar se hundirá. Al espirar, encorva la columna y dirige la mirada hacia el vientre; el coxis gira hacia dentro. Repítelo cinco veces (o más, si lo prefieres).

6. **DE PIE:** ponte en pie, con los pies separados, en línea con las caderas. Al inspirar, eleva los brazos hacia el techo, estrechando el contacto de los pies con el suelo. Al espirar, deja caer los brazos hasta que se queden colgando a los costados de tu cuerpo. Repítelo cinco veces (o más, si lo prefieres).

7. **¡BAILA!:** ponte música que te guste y baila por pura diversión y para mover tu cuerpo.

8. **DESCANSA:** cuando estés listo, túmbate de nuevo, tápate con una manta, si lo prefieres, y descansa unos minutos.

Para más prácticas de yoga, puedes visitar mi web: www.thehouseofyoga.com.

OBSERVACIÓN
Integración

Práctica de atar cabos

Al hacer el ejercicio anterior:

- ¿Has observado algo respecto a tu respiración? Por ejemplo: el ritmo. La profundidad. Algún cambio en su calidad. La diferencia entre inspiración y espiración. Te ruego que lo describas.

- ¿Has observado algo en tu cuerpo o relacionado con las sensaciones corporales? Por ejemplo: una sensación más intensa. Comodidad o incomodidad. Una zona pequeña de tu cuerpo reclama toda tu atención, o una zona amplia. Sensaciones diferentes, algunas sutiles, otras obvias. Punzadas, cosquilleos o cambios de temperatura. Te ruego que lo describas.

- ¿Has observado algo en tu estado o actividad mental? Por ejemplo: pensamientos que se mueven más rápido o más despacio. Una idea, pensamiento o situación que exige tu atención. Muchos pensamientos, quizás desordenados o de inquietud. ¿Has observado un cambio en tu capacidad de concentración o atención? ¿Tienes la mente más clara o más espesa? Te ruego que lo describas.

- ¿Has observado algo en tus emociones, actuales, emergentes y pasajeras? Por ejemplo: ¿te has fijado en alguna emoción o emociones? ¿Has notado si afloraban emociones y eran transitorias? ¿Se desvanecían? ¿Tal vez te has dado cuenta de la intensidad de las emociones, de si eran más fuertes o más ligeras? Te ruego que lo describas.

Recuerda, intenta no analizar tus respuestas, procura no explicar de dónde surgen las sensaciones o por qué surgen. Solo observa qué sientes.

En «Las recetas para el bienestar» (página 239), lee la que corresponde a poesía en *movimiento*, en el último capítulo del libro, donde especifico la función, la dosis y las contraindicaciones.

CAPÍTULO 8

¿Quién eres ahora?

Cuenta tu historia con tus propias palabras

> *Cuando los rayos del sol atraviesan las nubes en busca de los paisajes ancestrales, su brillo magnificente los acaricia, cual varita mágica. Estos rayos iluminan los paisajes y revelan las historias de todas las personas que han vivido en ellos.*

La ontología de ser humano

No estamos solos en medio de la nada. Nos consideramos parte del entorno en el que vivimos y actuamos. Nos identificamos con las personas con las que nos relacionamos, con las que significan algo para nosotros, y viceversa. Para nuestro bienestar, es esencial que nos sintamos valorados por los demás y saber que significamos algo en sus vidas. ¿Recuerdas que las investigaciones han demostrado que el *sentimiento de pertenencia* es uno de los factores principales en la esperanza de vida, y que las *relaciones significativas* son una forma eficaz de predecir la longevidad? Para ser felices, lo que significamos para los demás, es decir, la opinión que tienen otras personas de nosotros, debería coincidir con la opinión que tenemos de nosotros mismos.

Este es un buen ejemplo de lo simples que somos los seres humanos, aunque nos parezca que somos bastante complejos. Sencillamente, necesitamos nuestra tribu: nuestra *sangha*.

Mi abuela era una maestra en reunirnos a todos en torno a su mesa del comedor. Un mínimo de tres platos, manteles blancos, cubiertos de plata y postres. Y pasteles, después de los postres. Todos hechos por ella, por supuesto. Se entregaba por completo en la preparación de las comidas. Hasta se las arregló para organizar un último encuentro culinario con todos nosotros, cuando estaba en su lecho de muerte. En aquellos momentos, el abuelo padecía demencia de evolución progresiva y la abuela había sufrido un rápido deterioro de su salud, se encontraba en una residencia y apenas podía hablar. A pesar de todo, había organizado que prepararan una habitación grande con café, té y pasteles. Ella yacía en su cama y el abuelo le tomaba la mano con lágrimas en los ojos. Aunque le fallaba la memoria, sabía muy bien quién era ella, y la amó muchísimo hasta el final. Creo que se daba perfecta cuenta de que era la última comida. Recuerdo la sonrisa de mi abuela. Estaba rebosante de amor, y preparada para abandonar esta vida, cuando hubiera concluido esa última reunión de despedida con café y pasteles. Sus hijos con sus hijos, y estos, con sus propios hijos, cuatro generaciones en la habitación. Admirable; cada vez que recuerdo ese día, me invaden la alegría y las lágrimas, al mismo tiempo. Pasamos esos momentos de silencio juntos. Todos fuimos a despedirnos de ella personalmente, acercándonos a su cama para abrazarla y presentar nuestros respetos a la matriarca de nuestro linaje. A pesar de los conflictos ambiguos que suele haber en las grandes familias, todos estábamos presentes. En paz y en compañía.

Quién eres

La esencia de la chispa interior está en *tu relación contigo mismo*, especialmente en los conflictos emocionales. La chispa interior es el camino que te lleva a descubrir tu actitud respecto a ti mismo, a aprender a contemplar objetivamente tu diálogo interior y, por último, a cambiar esa actitud y ese diálogo. A mi entender, lo que determina tu identidad en un momento dado no es *quién* eres, sino *qué* haces y *cómo* lo haces. Tu manera de afrontar los conflictos emocionales internos y tu capacidad para serenarte durante esos conflictos determina quién eres. Y esto se relaciona con tu naturaleza búdica y el hecho de que ya eres un ser completo. Esa chispa interior es una parte innata de ti, y esta es tu naturaleza innata.

El mismo día en que nacemos empieza el relato de nuestra historia. Esa historia nos informa, a nosotros y a los demás, de quiénes y cómo somos, y cómo nos desenvolvemos y expresamos en este mundo. La creación de esa historia es inevitable, se la debemos a nuestros padres, hermanos y todas las personas que nos aportan algo a través de las relaciones que mantenemos con ellas. En realidad, es la historia de nuestra socialización, una historia que nunca nos dejará. Asimilamos dicho relato y lo integramos en la idea que tenemos de nosotros mismos y de nuestro lugar en el mundo. Nos identificamos con él. Tal vez nuestro relato nos resulte familiar, pero tal vez nos parezca ajeno a nosotros. Y a medida que nos vamos haciendo mayores, desarrollando nuestra individualidad y dejando de ser extensiones de nuestros padres, empezamos a cuestionarnos esos relatos. Al final, nos «liberaremos» de ellos, al menos hasta cierto punto. La forma en que nos liberamos de los condicionamientos de nuestra crianza y nos convertimos en nosotros mismos es una de las pruebas más importantes de nuestra evolución personal y es un proceso que dura hasta el final de nuestros días.

Si reconoces que este movimiento hacia la libertad total es un proceso constante, podrás experimentar cierto alivio dentro de la agitación que te ocasiona. Podrás relajarte sabiendo que no existe un remedio mágico para que te sientas mejor. Los condicionamientos son las huellas que dejan los pensamientos y las vidas de otras personas: nuestros padres, antepasados, compañeros, etcétera. El compromiso de contemplar tu propia vida como una exploración ontológica y una interacción con tu entorno y con aquellos con los que te relacionas te ayudará a aligerar tu perspectiva. Nos damos cuenta de que no vivimos solos cuando comprendemos que lo que consideramos nuestra realidad y nuestra forma de actuar en nuestro entorno depende mucho de los demás. Existe una interacción ininterrumpida de intercambios inter- e intrapersonales que está en constante evolución.

En cierto modo, siempre estás cambiando. Sin embargo, siempre eres el mismo. Te voy a invitar a que medites para que conectes con el cambio constante y la eternidad interiores.

INCENTIVO PARA ACTUAR
Meditación de la montaña

Ejercicio de visualización (de quince a treinta minutos)

1. Busca un lugar cómodo para sentarte. Acomódate en la postura, apoya las piernas y la zona lumbar. Cierra los ojos o mantén la mirada hacia abajo sin forzarla.

2. Imagínate que estás en un espacio natural, de pie, en la falda de la montaña. Puede ser una montaña conocida, tal vez a la que incluso hayas subido, o imaginaria.

3. Visualiza el entorno: la temperatura, la estación, los olores, los sonidos. Las plantas, los árboles, las rocas y sus colores. ¿Hay agua, por ejemplo un río?

4. Observa su cima. ¿Qué ves? Mírala más de cerca. Ahora, imagínate sentado en ella. Imagina que estás contemplando la vista desde allí. ¿Qué ves desde donde te encuentras? ¿Otras montañas? ¿Agua? ¿El mar? ¿Árboles? ¿Bosques? ¿Carreteras y casas? Observa con la máxima atención que puedas, para detectar colores, detalles y movimientos.

5. Ahora imagina que eres la montaña y empieza a observar qué te sucede. La naturaleza, las plantas, los animales, los vientos y el clima. El sol o la luna, la estación del año. ¿Qué estación es? Imagina el calor de un sol estival. El olor de las flores y de las plantas. Los insectos voladores zumbando y los animales salvajes caminando. Ríos que fluyen alegremente montaña abajo. Y al contemplar el paisaje que te envuelve, empiezas a notar la lenta transición hacia el otoño. Los tonos más verdes se vuelven amarillos, naranjas, rojos y marrones. Las

hojas empiezan a caer. Los animales se alimentan de bayas. Los vientos soplan con fuerza, las temperaturas empiezan a bajar. Llueve. Hiela. Nieva. El paisaje se cubre de blanco, los árboles están desnudos. Aparecen pisadas en la nieve. Llegan las tormentas de invierno con granizo y un frío gélido. Noche y día. Día y noche. Amaneceres. Atardeceres. Con el amanecer sube la temperatura. Hace menos frío. La nieve empieza a fundirse. Los animales salen de sus refugios. Escuchas el goteo de la nieve derritiéndose, los ríos que se llenan, el agua que fluye sin demora hacia los lagos. Los colores verdes vuelven a asomarse. Los árboles empiezan a brotar. Salen flores. Llegan temperaturas más cálidas y la naturaleza estalla en todo su esplendor. Este cambio de estaciones se sucede una y otra vez.

6. Mientras visualizas e imaginas las transiciones de las estaciones, recuerda que ha sido así durante eras. La montaña ha resistido año tras año, estación tras estación, cambio tras cambio. Es la naturaleza siempre cambiante de la montaña. Han transcurrido siglos, miles de años, cientos de miles de años, desde su formación, y este cambio ha sido constante. Sin embargo, simultáneamente, la montaña siempre es la misma. Inmutable y mutable a la vez.

7. Y lo mismo sucede contigo. Siempre cambiante. Inmutable. Tu esencia siempre está presente. Y a la vez siempre estás cambiando. Eres un ser en constante evolución, crecimiento, maduración y transición. Como todos los seres humanos. Pero no te pareces a nadie. Solo a ti.

8. Ahora empieza a regresar. Vuelve a imaginar que estás sentado en la cima de la montaña, contemplando la vista. Mira hacia abajo, hacia el pie de la montaña, desde donde iniciaste tu viaje.

9. Vuelve a situarte allí. Mira la cima donde has estado sentado, asimila la visión de la montaña con toda su grandeza. Absorbe sus colores y sus estructuras.

10. Regresa a tu cuerpo, al aquí y ahora. Siente tu respiración, el aire entrando en tus pulmones y saliendo de ellos. Siente cómo la respiración circula por todo tu cuerpo. Siéntete conectado con el suelo.

11. Y cuando estés preparado, abre suavemente los ojos.

OBSERVACIÓN
Integración

Práctica de atar cabos

Al hacer el ejercicio anterior:

- ¿Has observado algo respecto a tu respiración? Por ejemplo: el ritmo. La profundidad. Algún cambio en su calidad. Diferencias entre la inspiración y la espiración. Te ruego que lo describas.

- ¿Has observado algo en tu cuerpo o relacionado con las sensaciones corporales? Por ejemplo: una sensación más intensa. Comodidad o incomodidad. Una zona pequeña de tu cuerpo reclama toda tu atención, o una zona amplia. Sensaciones diferentes, algunas sutiles, otras obvias. Punzadas, cosquilleos o cambios de temperatura. Te ruego que lo describas.

- ¿Has observado algo en tu estado o actividad mental? Por ejemplo: pensamientos que se mueven más rápido o más despacio. Una idea, pensamiento o situación que exige tu atención. Muchos pensamientos, quizás desordenados o de inquietud. ¿Has observado un cambio en tu capacidad de concentración o atención? ¿Tienes la mente más clara o más espesa? Te ruego que lo describas.

- ¿Has observado algo en tus emociones, actuales, emergentes y pasajeras? Por ejemplo: ¿te has fijado en alguna emoción o emociones? ¿Has notado si afloraban emociones y eran transitorias? ¿Se desvanecían? ¿Tal vez te has dado cuenta de la intensidad de las emociones, de si eran más fuertes o más ligeras? Te ruego que lo describas.

Recuerda, intenta no analizar tus respuestas, procura no explicar de dónde surgen las sensaciones o por qué surgen. Solo observa qué sientes.

No eres quien crees que eres

No eres quien crees ser ni lo que sientes que eres. Tampoco eres tus sensaciones corporales. No eres nada de eso; eres más que la suma de tus partes. La unión de todas esas partes en una configuración mágica es lo que hace que seas *tú*. Cuando las cosas van mal nos sentimos fragmentados y es habitual que nos identifiquemos con alguna de esas partes por separado, pero no con el conjunto. Mientras nos centremos en solo una o dos de ellas seguiremos sufriendo, y nuestra experiencia del ser será incompleta. La razón por la que nos pasa esto es que nuestras partes no están en armonía. Recuperamos la paz cuando nos sentimos completos, y nos sentimos completos cuando esas partes se unen, como en una sinfonía. Encajan unas con otras y cobran sentido. Entonces, te das cuenta de que eres más que los sentimientos negativos abrumadores o que tu paralizante ansiedad. O que las desagradables sensaciones corporales. Este sentimiento de existencia integral es la meta hacia la que nos dirigimos, cuando nos adentramos en nuestra oscuridad interior, haciendo pausas y aprendiendo a tolerar las incesantes fluctuaciones.

Si experimentas una falta de armonía entre quien sientes que eres y cómo te sientes, eso te provocará más agitación. Si *quien* sientes que eres no coincide con la frecuencia vibratoria de *cómo* te sientes y *qué* haces, vivirás el conflicto con más intensidad. Y si le damos la vuelta al razonamiento anterior, si no sabes cómo te sientes, no sabrás qué has de hacer para ser feliz y estar en paz. Tu sentido del yo será débil. Uno de mis maestros me enseñó una sencilla y hermosa práctica para estos momentos, que compartiré un poco más adelante, en este mismo capítulo. Se llama: «Hola, mi amor».

Es cierto que todos tenemos dudas alguna vez. Me ocurre lo mismo en mi práctica como psicoterapeuta y con mis alumnos de yoga, entre mis compañeros del *dharma* y conmigo misma. Desde los lamentos y dudas de un sacerdote hasta las experiencias inimaginables de un refugiado, pasando por el profesor de yoga, el ejecutivo agresivo, la madre a tiempo completo o el profesional de la medicina, todos compartimos una herida ocasionada por nuestros conflictos interiores, y nuestro sufrimiento es universal. Todos lo compartimos. Pero tenemos que seguir nuestro propio proceso y transformar esas heridas en sabiduría para reconectar con nuestra chispa interior.

Tú y tu narrador interior

Desde el momento en que aprendemos a hablar, iniciamos una conversación con nosotros mismos. Este diálogo interior es una herramienta de nuestro conjunto de técnicas de autorregulación. Los niños suelen hablar en voz alta y compartir la conversación que mantienen consigo mismos; con frecuencia, relatan lo que están haciendo mientras lo hacen. Es un juego para ellos. Van engrosando la trama en torno a lo que están haciendo, añaden lo que piensan, imaginan y sienten, y lo comparten con todo aquel que esté lo bastante cerca como para oírlos. A cierta edad, empiezan a interiorizar esta conversación autorreguladora y siguen hablando consigo mismos en silencio. Y ese narrador interior, muchas veces, tiene dos caras (o muchas). El tono de voz que usa en esta conversación interior se basa en una compleja mezcla de rasgos de nuestra personalidad, en nuestra interacción con miembros de nuestra familia o cuidadores y en cómo nos desenvolvemos en nuestro entorno. Esta voz interior dual se manifiesta de dos formas: unas veces te da ánimos y otras te los quita. Estos dos aspectos puede que no estén muy de acuerdo. Y cuanto peor y más incómodo te sientes, más acalorado es el debate entre ambos. Cuando las cosas se ponen crudas y empezamos a desanimarnos, uno de estos narradores toma el mando. Adivina cuál.

Se puede hablar mucho sobre la observación del diálogo interior. Y puedes obtener grandes beneficios si eres capaz de distinguir lo que dicen ambas «voces». ¿Intentas escuchar lo que dice tu crítico interior? Si eres capaz de observarlo cuando está expresándose a gritos, podrás descubrir qué creencias básicas sobre ti está intentando hacerte creer. Y si puedes escucharlo todo, tal vez también puedas observar qué voz es la que estás escuchando (¿es la tuya o la has copiado de algún allegado?).

Tal vez conozcas *las preguntas de oro de la comunicación* que cito a continuación. Pero ¿sabías que se pueden aplicar al diálogo interno y al externo? En los conflictos puedes usarlas para revisar y evaluar lo que te estás diciendo a ti mismo:

1. ¿Es cierto? ¿Para quién es cierto? ¿Cómo sabes que es cierto?
2. ¿Es necesario decirlo? ¿Cuál es la verdadera intención? ¿Qué quieres conseguir diciendo esto?
3. ¿Es el momento adecuado para decirlo? ¿Qué consecuencias tiene?
4. ¿Puedes decirlo de otro modo? ¿Cómo podrías decirlo de un modo más amable y amoroso?

¿Quién eres ahora?

Conocerse a uno mismo es una labor de toda la vida. Y sinceramente, no te prometo que algún día llegues a completarla, dado que siempre habrá aspectos que cambiarán y, por esta razón, seguirán siendo desconocidos. Sin embargo, afortunadamente, algunas partes son más o menos coherentes y pueden ser conocidas. Nuestras prioridades cambian en cada fase de nuestra vida. Pero como ya vimos en los primeros capítulos, nuestros sentimientos de pertenencia dentro de nuestra comunidad y los roles sociales que en ella desempeñamos son lo que determinará cómo nos sentimos respecto a nosotros mismos. Son lo que forja nuestra identidad, nuestro sentido del yo, y da un significado y un propósito a nuestra vida. Sin embargo, esta visión de nosotros mismos revela mucha vulnerabilidad. ¿No sería mejor sentirnos seguros y capaces de ser fuertes en los momentos difíciles, sin que importe el papel que desempeñamos en la sociedad? ¿No nos gustaría sentirnos fuertes, independientemente de lo que hagamos en nuestra comunidad? Esto no es fácil y es una idea que cuesta entender, dado que nuestra sociedad nos moldea para que nos integremos en ella, de acuerdo con nuestros roles sociales. Piénsalo un momento: ¿quién eres ahora? Primero, intenta desvelar quién eres, tu sentido de identidad, partiendo de los papeles que desempeñas, los títulos y logros que usas para definirte. A continuación, piensa en quién eres, como ser humano, en este mundo, en este momento. Volveremos a ello más adelante, en este capítulo.

Las prácticas de la sabiduría del yoga y del *mindfulness* son muy útiles para ayudarte a conocerte mejor, a tu propio ritmo, con tus propias condiciones. Cada vez que practicas, es como pelar las capas de una cebolla. Cuando realizas una técnica formal (sedente o en movimiento), conectas con lo más profundo de ti. Y con profundo, me refiero a que favoreces la experiencia de estar plenamente en tu cuerpo, pasar tiempo a solas, enseñarte a regular tu sistema nervioso y llevarlo a un estado de relajación (o al menos, a algo parecido). En este estado de presencia, es más fácil conectar contigo mismo. A la larga, si sigues practicando, esta conexión te ayudará a conocerte mejor. Cuando conoces mejor todos tus aspectos, puedes ser amable con ellos.

Nuestro cuerpo es un recurso que podemos utilizar para centrarnos, cuando nos perdemos en pensamientos obsesivos o ambiciones inquietantes. No obstante, no siempre nos parece un lugar seguro y puede que nos sintamos muy poco conectados. Es imprescindible que nos reconciliemos con él. Cuidar de nosotros mismos centrándonos en el cuerpo es más eficaz que delegar esa tarea a nuestros pensamientos y palabras. Conocernos a través de la experiencia consciente de estar en nuestro propio cuerpo nos aportará una sabiduría más profunda que hacerlo solo a través de los pensamientos. Los pensamientos hacen más ruido que el cuerpo. Y como hemos ido viendo a lo largo de este libro, no hemos de confiar ciegamente en ellos. Sin embargo, sí podemos confiar en la interocepción o la sensación sentida. Esta experiencia puede ayudarnos a desarrollar una fuerza y un vocabulario nuevos respecto a nuestras emociones. Y todos podemos beneficiarnos de entender mejor nuestro campo emocional.

Hay mucho que decir sobre nuestro cuerpo emocional y cómo expresamos esas partes de nosotros mismos en nuestro contexto cultural. Ya hemos visto la competencia emocional; la he definido como la habilidad para no solo reconocer las emociones, sino también para tolerarlas, manifestarlas y conocerlas en nosotros mismos y en los demás. Nuestra función como seres vivos en este planeta depende de cómo vivimos en nuestras sociedades, ciudades y comunidades, y eso incluye la solidaridad con nuestros vecinos. La competencia emocional es un elemento crucial para nuestra actividad. Un nivel alto de competencia emocional implica que podemos manejar nuestras emociones por nuestra cuenta, pero también que podemos ayudarnos mejor mutuamente, quizás con más ecuanimidad.

Podríamos considerar el cuerpo como si fuera una puerta hacia una mayor competencia emocional. Cuando somos capaces de adentrarnos sin miedo en el ámbito emocional de nuestro cuerpo, nos es más fácil permanecer estables en nuestra esencia, a pesar de los torbellinos o conflictos emocionales que nos planteen los pensamientos. También podemos conectar con nuestro sentido del yo, independientemente de las etiquetas, roles y funciones sociales con los que nos identifiquemos. Tenemos acceso a nuestros valores y a aquello por lo que nos guiamos, desde un espacio de fortaleza y veracidad. Nuestro cuerpo nos habla con exactitud. Pero cuando no tenemos buena conexión con él, la información que nos da puede ser todo lo contrario, que no sea en absoluto precisa. Es como si nuestro sistema de alarma interior (sistema nervioso) no estuviera bien calibrado y las vías de comunicación con nuestro cerebro estuvieran oxidadas. Las técnicas de meditación y las prácticas corporales ayudan a restablecer estas conexiones. Te pondré un ejemplo.

Los que practicáis yoga o meditación desde hace algún tiempo posiblemente conozcáis esa sensación que, a veces, tenemos después de la práctica, a la que solemos referirnos como el *subidón del yoga*. Experimentas una inyección de hormonas del bienestar en el cerebro y en el resto del cuerpo, y una disminución de las hormonas del estrés. Independientemente de cuál sea tu punto de partida, la secuencia neuroquímica asociada a esta sensación viene a ser la siguiente: se produce un aumento de la serotonina (un neurotransmisor de la felicidad), que reduce el cortisol (estrés) y las hormonas de la ansiedad; esto hace que se segreguen endorfinas y melatonina, lo cual estimula la liberación de oxitocina (la hormona del amor) y se equilibra la dopamina (el neurotransmisor de la recompensa). Esta secuencia favorece una experiencia interior de relajación y felicidad, en la que nos sentimos seguros, equilibrados y en paz. Cuando estamos en este estado, el ámbito emocional o la inmersión en las aguas oscuras de nuestros lagos interiores, de pronto, se vuelve viable. En ese momento, todo empieza a aclararse. Esta es la razón por la que muchas personas se emocionan y lloran después de una sesión de yoga o de meditación, aunque no sepan por qué. Simplemente, hemos preparado nuestros paisajes interiores para poder conectar con esos sentimientos con seguridad y a nuestro aire.

INCENTIVO PARA ACTUAR
Siente tus sentimientos

Práctica basada en la experiencia

En este ejercicio te invito a que desarrolles tu competencia emocional experimentando tus sentimientos ahora mismo, en este preciso momento.

1. **CONFIRMA TUS EMOCIONES RECONOCIENDO SU PRESENCIA:** esto solo se puede conseguir realizando varias prácticas corporales en movimiento, conectadas con la respiración (como

el yoga o la poesía en movimiento, como yo lo llamo). Estas prácticas facilitan la conexión con el cuerpo emocional y nos ayudan a explorar nuestros paisajes emocionales interiores, mediante la estimulación de la conciencia corporal (interocepción) y la sensación sentida. Estas actividades experienciales refuerzan nuestra capacidad para reconocer cómo se expresan las emociones en nuestro cuerpo.

2. **EXPRESIÓN:** una vez que has conectado con tu cuerpo emocional y reconoces las emociones, puedes empezar a atar cabos. Aquí es donde encuentras sentido, y es un paso esencial en tu proceso de evolución. Comenzarás a reconocer las emociones y a describir la variedad de sentimientos que hay dentro de ti. *Las emociones son objetivas, los sentimientos son subjetivos*: son funcionales para ti. Es importante que les pongas nombre a los sentimientos y que los expreses de manera eficaz, para que te sean útiles y te aporten bienestar.

3. **DALES ESPACIO:** escribe todos los sentimientos que circulan por tu interior, apúntalos asignándoles una palabra clave. También puedes expresarlos en voz alta, en el momento en que eres consciente de ellos. Alegría. Tristeza. Ira. Vergüenza, etcétera. Siente cada sentimiento, a medida que surge y desaparece. Haz esta técnica de cinco a diez minutos.

4. **SIÉNTATE EN SILENCIO:** vuelve a conectar con tu cuerpo. Siente la conexión entre tu cuerpo y el suelo, esterilla de yoga, cojín o silla, o dondequiera que estés sentado.

Al realizar esta práctica de pelar la cebolla de las emociones, podrás conectar con tu narrador interior. Oirás las voces de tus recuerdos, experiencias, historias que te han contado y sueños, realizados o por vivir. Es importante que seas capaz de contar tu propia historia, porque cuando lo haces —cada vez que lo haces, una y otra ve— vas pelando más capas de la cebolla. A medida que te vas adentrando en los territorios interiores donde moran tus emociones, a través del cuerpo, de la poesía en movimiento, vas encontrando las palabras que necesitas para describir cómo te sientes en tu cuerpo. Esto nos da seguridad y es muy distinto a intentar encontrar palabras para describir algo que no conocemos.

Al yoga y a prácticas similares los llamo poesía en movimiento, porque son una forma de llegar al corazón sin palabras. Solo podemos conectar con lo que vive en nuestro interior en este preciso instante, lo que está aquí y ahora. El *mindfulness* es justamente eso. También lo son la práctica de la delicadeza, la bondad y la curiosidad hacia lo que surge en nosotros, en cada momento. Nos enseñan a ver nuestra historia sin juzgarla y nos ayudan a rehacer el relato cuando no somos imparciales. Le dejamos espacio al corazón, ni negamos ni nos resistimos. Hay una hermosa práctica budista *dzogchen*, popularizada por la maestra lama Tsultrim Allione, y que se conoce como *alimentando tus demonios*. En esta práctica, a las historias de dolor, sufrimiento, sentimientos encontrados y malestar, se les concede su espacio. Se nos pide que nos bañemos en las aguas más oscuras que conozcamos. En este ejercicio descubrimos por qué se presentan estas historias y qué es lo que quieren de nosotros y cómo pueden sernos útiles.

Ronald Siegel nos visitó, hace algunos años, durante la Convención de Yoga del Ártico, y tuvimos el honor de que impartiera un retiro de *mindfulness* en una de nuestras islas. Una de las cosas que dijo me llamó especialmente la atención y no la he olvidado: «Conectar contigo mismo a través de la meditación es una psicoterapia de efecto inmediato». Conectar con nuestro paisaje interior propicia el mismo tipo de revelaciones espontáneas que se producen en la psicoterapia. Solo que en estas prácticas no dependes de un terapeuta, tú eres tu propio espejo. Richard Freeman, un gran yogui y filósofo contemporáneo, ha descrito muy bien esto, en su libro *El espejo del yoga: el despertar de la inteligencia del cuerpo y de la mente*. La esencia de sus enseñanzas es muy simple: todo se reduce a la forma en que nos relacionamos con nosotros mismos y con los objetos de nuestro paisaje interior, en cada momento.

Las historias que nos contamos están asociadas a ciertas emociones de diversas intensidades. En última instancia, lo que realmente importa es nuestra capacidad para tolerar las emociones que corresponden a esas historias o relatos. Cuando nos sentamos a meditar, nos movemos o respiramos sobre nuestra esterilla de yoga o decidimos hacer una pausa en nuestro ajetreado día, es que hemos optado por dedicarnos un tiempo de calidad. Uno de mis maestros de Spirit Rock lo expuso de este modo: nos decimos: «hola, mi amor. ¿Cómo estás hoy?». Cada vez que te sientas a practicar o haces una pausa consciente, es como si te estuvieras diciendo (puedes pronunciarlo en voz alta o en silencio, por supuesto) «hola mi amor. ¿Qué está vivo dentro de ti en este momento?». Cuando reconoces las emociones asociadas a tus relatos y eres consciente de su fuerza, puedes contemplar la gama completa de lo que cohabita en tu interior, distinguiendo cada cosa por lo que es: las emociones son emociones. Los sentimientos son sentimientos. Los pensamientos son pensamientos. Las sensaciones son sensaciones.

Lo más importante que has de recordar en tu proceso de reconectar con tu chispa interior y liberarte de tu estancamiento es que seas tu mejor amigo. Respétate. Sé amable. Paciente. Amoroso. Y escucha.

Pregúntate esto: «¿Qué cohabita dentro de mí en este momento? ¿Qué está presente? ¿Qué historias y recuerdos? ¿Y cuáles son las emociones asociadas a ellos? ¿Qué fuerza tienen?».

Sobre progenitores y sobre ser progenitores

Hemos hablado mucho sobre cómo es ser tú mismo y cómo llegas a conseguirlo. Cambiemos de perspectiva por un momento y veamos el punto de vista de los progenitores y cuidadores. Necesitamos mucho a nuestros padres hasta que dejamos de necesitarlos. Ser padre o madre no es fácil, visto de este modo. Ellos lo dan todo por sus hijos. Y cuando estos ya no los necesitan, se van a conocer mundo (como esperan y desean que hagan sus progenitores) y los padres se quedan atrás. Luego, para empeorar las cosas, los hijos contemplan a sus progenitores con otros ojos y empiezan a liberarse de los sistemas de creencias y visiones del mundo que con tanto esmero les han inculcado. ¡Qué fuerte, lo sé!

Lea, una de mis maestras, solía hablar sobre hacer sacrificios. Decía que cuando sacrificamos algo, lo sacralizamos. Me encantó oír eso, porque me sentía identificada con ello. Ser madre supuso para mí adoptar un ritual omnipresente y convertir mi vida cotidiana en sagrada. Chögyam Trungpa expresó magníficamente esta idea en su libro *El mito de la libertad y el camino de la meditación.* «Contemplar una situación ordinaria con discernimiento es como encontrar una joya en la basura», escribió. Creo que se puede decir esto de muchas cosas, pero, para mí, también se puede aplicar a la maternidad. Si somos capaces de entender que nuestros hijos son grandes maestros para nosotros, cualquier situación ordinaria se convierte en una joya. Nuestros hijos son la encarnación del *mindfulness.* Viven jugando, expresando sus emociones, casi sin filtrar, o al menos, sin excusas o sin intentar razonar lo que sienten. Son valientes de este modo. También son nuestro reflejo y nos muestran cómo somos. Incluso aunque nuestros hijos se identifiquen como una parte de nosotros, antes de que los condicionamientos sociales se apoderen totalmente de ellos, viven en la libertad que estamos buscando.

Sin embargo, llega un momento en que los padres son un estorbo para los hijos. Todos recordamos haber sentido que nuestros padres se interponían en nuestro camino o que se metían demasiado en nuestras cosas. Necesitábamos espacio e iniciamos el proceso de liberarnos de ellos. Ya no los necesitábamos para reforzar nuestra identidad, y comenzamos a preocuparnos más por encontrarnos a nosotros mismos, aunque eso supusiera una lucha. Ahora, tal vez hasta hemos empezado a darnos cuenta de que su forma de ver el mundo también está implícita en nuestros condicionamientos. ¡Quizás oigamos sus voces hablando a través de nuestra voz interior, en los momentos más insospechados! Algunos nos rebelaremos y enfadaremos con ellos, los culparemos y juzgaremos. Como he dicho, ser padre o madre es muy ingrato. Pero este proceso de la relación entre progenitores e hijos es normal y saludable. Para descubrir tu propia historia has de rebelarte contra tus padres. Has de desenredar los hilos de sus condicionamientos que te han envuelto hasta ahora y elegir los tuyos. ¿Qué está en la misma frecuencia que tus valores en estos momentos? Puede que acabes eligiendo los mismos que tus padres, pero eso no importa. Lo que importa es que te liberes de sus historias respecto a quién eres y que encuentres tu propio argumento sobre el papel que desempeñas en el mundo.

Me encanta ser madre y no me puedo imaginar desear otra cosa. Pero es duro, y hay etapas verdaderamente difíciles. Mientras estás sentado leyendo esto quisiera que pensaras en tu relación con tus progenitores o cuidadores. ¿Cómo fue tu relación con ellos en tu transición de niño a adulto? ¿Tus progenitores o cuidadores o tú seguís con la misma dinámica que cuando eras pequeño? Pregúntate lo siguiente: «¿Quiénes son mis padres para mí ahora?».

INCENTIVO PARA ACTUAR

¿Quién eres ahora?

Práctica de escritura

En este incentivo para actuar, te invito a que escribas tu historia, con tu comprensión actual de ti mismo y con la que tenías antes. Tu relato interior es una interesante y eficaz forma de descubrir cuál es tu actitud respecto a ti en estos momentos y de ver cómo empiezas a ocupar tu espacio en este mundo. Puede que también te ayude a descubrir los patrones que son el origen de tu malestar y tu lucha.

PASO 1: CONECTA CONTIGO MISMO

1. Busca un lugar cómodo para sentarte. Reduce los ruidos y las distracciones para que tu entorno sea lo más tranquilo posible.

2. Dirige tu mirada suavemente hacia el suelo, o bien cierra los ojos si estás más cómodo.

3. Observa, durante cinco u ocho minutos, cualquier cosa que pase por tu mente, todo lo que aparezca y desaparezca en tu estado de atención. Tanto si es un recuerdo del pasado como una fantasía o preocupación por el futuro, una idea o pensamientos aislados que se te presenten de pronto, simplemente observa lo que surge. Intenta no analizar, comprender o cambiar nada que aparezca en este estado, y tampoco te resistas a ello. Confía en que lo estás haciendo correctamente. Observa tu mente de libre asociación, en este preciso momento.

4. La finalidad de este ejercicio es simplemente observar cualquier cosa que aparezca en tu foco y verla pasar, a la espera de que algo nuevo capte tu atención. No has de centrarte en nada en particular. Tan solo siéntate y observa lo que sucede en tu interior. Observa cómo te afecta mientras estás sentado.

5. Para salir de esta práctica, haz tres respiraciones profundas, inspira y espira a fondo, antes de abrir suavemente los ojos y regresar a la habitación.

PASO 2: ¿QUIÉN ERES AHORA?

1. Toma papel y lápiz.
2. Intenta describir lo siguiente en unas pocas frases: ¿quién eres? Descríbete.
3. ¿Cuál es tu conflicto?
4. ¿Qué es lo que te afecta? Escribe algunos hilos de tu pasado. Puedes empezar las frases como sigue o hacerlo a tu manera:

   - «Mi infancia fue..., y siento... casi siempre...».
   - «La calidad de mis relaciones con mis progenitores, hermanos, amigos fue...».
   - «Una relación importante para mí fue... porque...».
   - «Un punto de inflexión para mí fue... porque...».

5. ¿Cuáles son tus historias de puntos de inflexión o de revelaciones interiores?
6. ¿Cuáles son tus relatos heredados o ancestrales (que tú conozcas)?
7. Escribe tres palabras con las que tus seres queridos solían describir tu personalidad u otras cualidades que te caractericen.
8. Ahora piensa en quién eres en este momento, sin utilizar ningún rol social, habilidad laboral o título profesional. ¿Quién eres? Puedes empezar a describirte como sigue:

   - «Estoy interesado en...».
   - «Prospero cuando...».
   - «Adoro...».
   - «Me inspiro cuando...».
   - «Tengo que hacer una pausa cuando...».
   - «Me encanta...».

- «Supone un reto para mí...».
- «Practico...».
- «Quiero aprender...».

PASO 3: DESCONECTA

1. Sigue en silencio y regresa a la postura inicial. Concédete cinco minutos para desconectar de este ejercicio, antes de retomar tus actividades cotidianas.

2. Puedes cerrar los ojos si lo deseas. ¿Qué observas ahora? ¿Cómo te sientes? ¿Qué notas todavía, después de haber escrito todo esto? Observa qué predomina, en este preciso momento, en tus pensamientos, tus sentimientos y tu cuerpo. Permanece sentado en silencio un poco más.

3. Para regresar a la habitación, haz unas pocas respiraciones profundas. Abre los ojos, cuando te apetezca.

En «Las recetas para el bienestar» (página 239), lee la que corresponde a *juego*, en el último capítulo del libro, donde especifico la función, la dosis y las contraindicaciones.

CAPÍTULO 9

El camino hacia tu chispa interior

Recetas para el bienestar

Sé que esta fresca brisa de verano ha jugueteado con muchas otras mejillas antes que con la mía. Sé que esta vista ha estado siempre aquí. Eternamente. Siempre cambiante. Sé que los alces que andan por estos bosques con sus familias ya han estado aquí antes. Y sé que sus antepasados recorrieron exactamente los mismos senderos. Sé que nosotros también pasaremos, como las hojas de los árboles caen en otoño y regresan al lugar de donde un día surgieron.

Todo bien, por ahora

En este último capítulo encontrarás las *recetas para el bienestar*, ocho para ser exacta. Estas recetas son tu medicina alternativa, son prácticas para conservar el bienestar emocional y alimentar tu chispa interior. Te ayudarán a encontrar la tranquilidad en los momentos de agitación.

Tengo la esperanza de que al leer este libro hayas descubierto nuevas y útiles visiones, y que te haya servido para conocerte un poco mejor a ti mismo, gracias a la práctica de los *incentivos para actuar*. Siempre podrás volver a esas prácticas, ya sea eligiendo las que sientas que necesitas o repitiéndolas todas de nuevo en el mismo orden. Hazlo como te plazca. En este capítulo resumiré los incentivos para actuar y lo que ya se ha visto en este libro.

La primera parte del libro, «Normalizar», se centra en establecer el contexto de la sociedad en que vivimos y las normas por las que nos regimos. Hemos visto cómo influyen en nosotros las sociedades, tanto en el plano individual de nuestra psique como en nuestra salud mental. En el capítulo uno hemos aprendido que los conflictos forman parte de la vida y que si los aceptamos, en vez de oponer resistencia, nos haremos un gran favor. En el capítulo dos hemos tratado el tema de la espiritualidad contemporánea y de que las enseñanzas de la sabiduría perenne tienen mucho que aportar a nuestra salud mental. En el capítulo tres hemos podido comprender mejor las múltiples capas de los conflictos emocionales y de la agitación, y nos han enseñado lo que es la chispa interior. La finalidad de esta primera parte era incrementar tu conciencia sobre cuáles son los factores que influyen en tu salud que puedes controlar y cuáles no. Al mismo tiempo, hemos examinado las múltiples capas de la existencia corporal y sus implicaciones.

En la segunda parte, «Aclarar», nos hemos centrado en que las prácticas de la sabiduría perenne, como el yoga, el *mindfulness* y las que cultivan la compasión, fomentan la tolerancia emocional, y también hemos analizado cuál es nuestra situación actual y nuestra lucha interior. En el capítulo cuatro hemos abordado la neuropsicología de la oscuridad interior y de la chispa interior. En el capítulo cinco hemos sacado a la luz los obstáculos que se interponen en nuestro camino hacia el cambio y todo lo que hemos de superar cuando nos dirigimos hacia la chispa interior y la libertad total. En el capítulo seis he expuesto los medios para comprender tu predisposición al cambio dentro de tu proceso de transformación. La finalidad de esta sección era ayudarte a ser más consciente de tu situación, desvelar lo que te está perjudicando a escondidas y ayudarte a empezar a superar tus conflictos.

En la tercera parte, «Capacidad de acción», nos hemos concentrado en los puntos de acción que te acercan a tu chispa interior. En el capítulo siete vimos los ocho aspectos de formas de vida más eficaces. En el capítulo ocho has podido conectar plenamente con tu propia historia y te he invitado a hacerlo desde la perspectiva del observador. Y ahora, en este último capítulo, recibirás ocho recetas para el bienestar. El objetivo de esta parte del libro es aportar las herramientas que necesitas para ampliar tu perspectiva y ayudarte a superar tus conflictos emocionales cuando en tu vida reina la agitación.

Encontrar la serenidad en la agitación

Este libro trata de cómo relacionarnos mejor con nosotros mismos y hallar la serenidad en la agitación. Hemos visto las razones por las que puede resultar tan difícil, y descubierto tanto las fuerzas internas que nos mueven como las que nos paralizan. Nos hemos dado cuenta de que hemos de practicar hallar la tranquilidad en medio de la agitación, y que esta práctica ampliará nuestra ventana de tolerancia emocional: podemos reforzar esta habilidad como reforzaríamos un músculo, y de este modo, conseguir respuestas y conductas más eficaces. Con la práctica, descubriremos que estamos mejor equipados y podremos recurrir más fácilmente a estas herramientas en los malos momentos o en las etapas de transición.

Tengo la esperanza de que hayas encontrado tu espacio para practicar durante la lectura y que hayas puesto en práctica los incentivos para actuar. Ha llegado el momento de integrar todo lo que hemos aprendido hasta ahora. En este capítulo, reúno todos los hilos del proceso, resumo los pasos que estás dando para liberarte de tus conflictos emocionales y conectar con tu chispa interior. Quiero advertirte que lo que has explorado a lo largo de este libro y las conclusiones que has sacado con los incentivos para actuar no son la respuesta final a tu búsqueda. Recuérdate de nuevo que aunque siempre seas el mismo, estás en un proceso de cambio constante. Como lo está el propio proceso. Los incentivos para actuar y las recetas para el bienestar que pronto veremos son empujoncitos para realizar las acciones y las prácticas *recomendadas*. No son la solución completa. Toma lo que necesites de ellos y deja el resto.

Espero que ahora sepas y recuerdes que tu agitación se debe a una serie de influencias sobre las que puedes actuar, y a otras sobre las que no tienes ningún control. No tienes control sobre gran parte de lo contextual y situacional, ni tampoco sobre todo lo de origen genético. Me gustaría que lo tuvieras muy presente y que descartaras la creencia de que has de cambiarlo todo. Pero sí puedes concentrarte en aquello sobre lo que tienes capacidad de acción.

No es fácil encontrar la paz cuando tienes un conflicto, pero se vuelve más fácil cuando lo conocemos mejor. También es más sencillo cuando nos damos cuenta de que lo que influye en nuestro estado de ánimo no siempre es *qué* hacemos, sino *cómo* lo hacemos. Igualmente, aceptar que habrá momentos en los que nos sentiremos atrapados en un conflicto emocional y que no nos vamos a ahogar por eso también ayuda. Hemos de tener claro que la única forma de permanecer a flote y de evolucionar es sumergirnos en esas oscuras aguas y nadar. Porque solo puedes conocer tu habilidad para mantenerte a flote y nadar lanzándote al agua. Has de enfrentarte cara a cara con la lucha y la dificultad.

Todas las teorías y modelos que hemos visto se encuentran en el ámbito de las teorías humanistas, con una clara tendencia hacia la salutogénesis y la psicología budista. El mensaje principal de estas escuelas de pensamiento es: no se ha de cambiar nada. Por el contrario, contempla lo que tienes. Ve con claridad los recursos de los que dispones ahora. Date cuenta de que puedes evolucionar. Utiliza tus recursos actuales, para encontrar tu camino hacia una vida más sostenible, hacia un mayor bienestar emocional y hacia la chispa interior.

El camino hacia la chispa interior

El camino hacia tu chispa interior o cómo llegar hasta ella es más fácil si lo contemplamos como una serie de estrategias. Las *recetas para el bienestar* que veremos más adelante, junto con los *incentivos para actuar*, son estrategias que tener a mano para hallar la tranquilidad en la agitación.

Con las preguntas que te has planteado a lo largo de este libro, has hecho una autoindagación y has investigado valerosamente lo siguiente:

- Qué es lo que te está causando malestar y la sensación de estar estancado.
- Las creencias subyacentes básicas que impiden el cambio.
- La comprensión de lo que necesitas para superar el conflicto.
- Las recetas para el bienestar que favorecen el bienestar emocional y que arda la chispa interior.

Estos son los incentivos para actuar sobre los que has trabajado, en orden cronológico:

Primera parte: normalizar
- Deséate lo mejor.
- Conecta contigo mismo.
- Siente tu respiración.

Segunda parte: aclarar
- Descubre qué es lo que no quieres.

- Descubre qué es lo que quieres.
- Creencias básicas y pensamientos erróneos.

Tercera parte: capacidad de acción
- Predisposición al cambio.
- Pausas potentes.
- Poesía en movimiento.
- Meditación de la montaña.
- Siente tus sentimientos.
- ¿Quién eres ahora?
- Un dulce encuentro contigo mismo.

Las recetas para el bienestar

La finalidad de estas recetas es mejorar tu salud psicológica general y tu bienestar emocional. Son prescripciones verdes para la salud mental. Sin medicación alguna y a tu disposición cuando te hagan falta y donde necesites. Las recetas para el bienestar, los incentivos para actuar y las prácticas recomendadas tienen el potencial de reforzar tu bienestar emocional y, por consiguiente, tu salud integral. Estas recetas son para que te comprometas con ellas y las pongas en práctica en tu vida cotidiana; deberían cuidar y nutrir tu chispa interior. No son para *sustituir ningún tratamiento médico*, sino un complemento a las intervenciones médicas y la psicoterapia. Como sucede con cualquier prescripción, puede haber efectos secundarios. Cada una cuenta con un razonamiento y unas contraindicaciones, como verás en cada sección.

La finalidad de estas recetas alternativas es facilitar:

- Que puedas relacionarte mejor contigo mismo y con más compasión.
- Que seas más consciente respecto a qué es lo que te sostiene en tu estado actual.
- Que conozcas qué estrategias son útiles cuando estás agitado.
- Que puedas desarrollar más tolerancia emocional.

Las recetas para el bienestar te recordarán lo que haces y cómo lo haces, pero no quién eres; esto te ayudará a serenarte en el conflicto y aumentará tu poder personal para que te liberes de tus luchas internas.

Estas son las ocho recetas para el bienestar

1. Bondad.
2. Paciencia.
3. Compañía.
4. Naturaleza.
5. Pausa.
6. Perspectiva.
7. Poesía en movimiento.
8. Juego.

Advertencia general: es normal que te resulte más difícil comprometerte a realizar estas estrategias en los momentos en que más las necesitas. Por lo tanto, utilízalas como medida de prevención y durante la recuperación, recordando que te ayudarán cuando más las necesites.

Receta para el bienestar 1

Bondad

Razonamiento

En nuestra cultura, se sobrevalora la adversidad, mientras que ser benévolos con nosotros mismos se aleja mucho de las normas sociales que nos han inculcado y a las que estamos acostumbrados. Las filosofías orientales y las prácticas de la sabiduría perenne, como el yoga y el budismo, describen la bondad de varias formas. En la mayor parte de las clases de yoga actuales, oirás la palabra sánscrita *ahimsa*, que significa 'no violencia'. Esto, trasladado a nuestra práctica del yoga, implica no forzar las asanas (posturas), aceptarte tal como eres, aceptar tu cuerpo, tus pensamientos y tus emociones, tal como son en este momento. En las prácticas del *mindfulness*, escucharás la palabra *metta,* en idioma pali, que se traduce como 'amorosa-bondad'. *Metta*, en la misma línea que *ahimsa*, nos insta a desear salud, paz y alegría, no solo a nuestros seres queridos y a los demás, sino a nosotros mismos. Deseárnoslo a nosotros mismos suele ser la parte más difícil de la práctica de *metta*.

La práctica de la *bondad*, ahora, suele estar incluida en el sistema de salud pública de Noruega, puesto que el *mindfulness* y la compasión, que se utilizan en las intervenciones terapéuticas habituales, están demostrando cada vez más su eficacia. Esto no es solo para los pacientes que están en tratamiento, sino también para los profesionales de la salud. Las escuelas de pensamiento de donde surgen estas prácticas se basan en el concepto de que ser bueno con los demás, es la esencia de la existencia. El *heartfulness*,* la compasión y el amor hacia todos los seres son fundamentales para los sistemas de creencias orientales, y estos equilibran magníficamente el perfeccionismo de nuestra sociedad occidental. Estas prácticas ceden la palabra a otra voz interior diferente, que no es la rígida, ambiciosa y ávida de resultados a la que estamos acostumbrados. Este tono interior más dulce favorece una actitud más generosa y amable.

Recomendación

Empieza a convertirte en tu mejor amigo. Tratarte con amabilidad te hará bien. Esta amabilidad o bondad es terapéutica y te ayudará a entender y a aceptar mejor tu estado actual. Con el tiempo, llegará a incrementar tu aprecio y gratitud, cuando te invites conscientemente a hacer un repaso y a contar tus recursos, en lugar de ahogarte en tu carencia.

Dosificación

Las prácticas formales que puedes hacer son las meditaciones *metta* o 'amorosa-bondad', la de la autocompasión o visualizaciones de abrir el corazón. Las prácticas informales, como usar tus habilidades y tu energía para ayudar a otros, son una hermosa forma de recordarte a ti mismo tus puntos fuertes y tus destrezas. Empieza

---

* Se trata de sintonizar con el corazón y darse cuenta de las emociones que alberga en el momento en que se producen. No se trabaja desde la mente, sino desde el corazón (Nota de la T.).

practicando diez minutos al día dos veces a la semana. Aumenta gradualmente hasta llegar a la práctica diaria, al mes siguiente.

Consideraciones y posibles efectos secundarios

Practicar la bondad puede suponer todo un reto, incluso un confrontamiento, especialmente si tienes baja autoestima o albergas sentimientos muy negativos hacia ti mismo. Cuando el malestar es importante, tu crítico interior y juzgarte a ti mismo cobran más fuerza. En esta situación, cuesta creer en el mensaje de la bondad. Eso está bien. Pacta contigo mismo que puedes *practicar* esto ahora, aunque no lo sientas o no te lo acabes de creer, y ya *asimilarás* el mensaje más adelante, cuando estés más receptivo. Esto también es el camino de la bondad. Te pones ciertos límites y aclaras internamente qué es posible y qué no lo es para ti en estos momentos. Practicar la bondad implica reforzar los músculos de la buena voluntad y de los sentimientos positivos. Esta práctica no necesariamente hará que te sientas bien enseguida, pero te ayudará a fomentar tu relación contigo mismo, para que, a la vez, te relaciones mejor con los demás.

Receta para el bienestar 2

Paciencia

Razonamiento

Cuando no nos encontramos bien y nuestra salud está debilitada, especialmente si tenemos conflictos emocionales que resolver, solemos estar inquietos. Esta agitación se adueña profunda y molestamente de nosotros, y lo único que deseamos es deshacernos de ella. La intranquilidad interior puede volvernos muy impacientes y hacer que nos resistamos a lo que está sucediendo en nuestro paisaje interior y a lo que lo afecta emocionalmente. Esta resistencia aumenta la agitación, el malestar y la impaciencia.

Por consiguiente, practicar la *paciencia* puede ser muy útil, cuando te dispones a hacer lo que haga falta para encontrarte mejor. El yoga clásico de los Sutras de Patanjali ensalza la paciencia como cualidad fundamental para el proceso de la práctica. Fomenta recurrir constantemente a la paciencia, incluso con devoción, como medio para calmar la mente obsesiva y liberarte por completo de tus condicionamientos. La práctica de la paciencia incrementa nuestra tolerancia y nos ayuda a superar las dificultades, en vez de dejar que las circunstancias nos superen. La paciencia nos enseña que hemos de ser conscientes de que las dificultades van y vienen, y que sea cual sea la intensidad de nuestro malestar, no durará siempre. Puedes estar seguro y tener la esperanza de que tus síntomas no serán eternos.

Recomendación

Recuerda todos los días ser paciente, en el proceso de superar los conflictos emocionales. Esto te ayudará a dejar espacio a la bondad y atraer más dulzura y tranquilidad a tu relación contigo mismo. Si al practicar la bondad empiezas a estar inquieto e impaciente (puede que sientas que estás preparado para el cambio y que está tardando mucho en llegar), recuerda que todo lleva su tiempo. Piensa en cuántos años has tardado en integrar tu habitual y «nocivo» patrón de pensamiento o de conducta; después, has necesitado tiempo para descubrirlo y aprender nuevas y mejores formas de ser y de relacionarte contigo mismo. ¡Ten paciencia con el proceso de aprender a ser paciente!

Dosificación

Empieza escribiendo un contrato contigo mismo. Ponlo en algún lugar visible, para que puedas recordar tus intenciones con frecuencia. Hasta puedes confeccionar una agenda para revisarla y evaluar tus progresos. ¡Recuerda la bondad!

Otra opción es convertir estas intenciones en afirmaciones y repetírtelas en voz alta. También puedes leérselas a otras personas y luego leértelas a ti. Puedes decir algo parecido a esto: «Me comprometo a tener paciencia. Me comprometo con este proceso de liberarme de mis conflictos emocionales, paso a paso. Me comprometo a animarme a buscar y desarrollar formas más eficaces de ser y de celebrar los momentos de dulzura». Empieza dedicando cinco minutos al día, durante el primer mes. Más adelante, reduce gradualmente los recordatorios a semanales. Si el malestar es persistente, sigue con los recordatorios diarios.

Consideraciones y posibles efectos secundarios

Esto supondrá un reto, así que no esperes que sea fácil. Al principio, podría resultar difícil todos los días. Los sentimientos de inquietud e impaciencia interiores pueden ser intensos. Recuerda que para superar esto, basta con que toleres un poco. Ve paso a paso, hora a hora, día a día. No es necesario que te focalices en todo lo que quieres cambiar. Concéntrate en los micropasos y trabaja para dominarlos, gradualmente. Valora cada momento de tranquilidad y procura no dejarte llevar por la impaciencia. Todo está bien. Sigue con ello y recuerda que has de ser paciente. Comprométete con el proceso, no con el resultado. Principalmente, adquiere un compromiso contigo mismo a largo plazo.

Receta para el bienestar 3

Compañía

Razonamiento

Los seres humanos somos gregarios. Prosperamos viviendo en comunidades. Encontrar tu cuadrilla, tripulación o banda es más importante de lo que te imaginas. Aquellos con los que nos sentimos conectados y el lugar al que pertenecemos puede cambiar toda nuestra vida, pero siempre habrá un grupo más reducido de personas que nos importe más que otro. Incluso para los que disfrutamos estando solos sin sentirnos solos, nuestras relaciones son importantes. La *compañía* se basa en entender que invertir en relaciones es una cuestión de bienestar emocional, por la que vale la pena hacer un esfuerzo. Si te sientes excluido o que no perteneces a ningún sitio, pregúntate qué *haces* para cuidar de tus relaciones. ¿Cómo te implicas con los demás? ¿Qué aportas a las relaciones? El sentimiento de pertenencia y de estar en compañía requiere reciprocidad. Si tu creencia básica te está diciendo que no perteneces a ese grupo, busca una comunidad o lugar con los que sientas afinidad. Cuando sientas la comunión, inicia una relación.

Recomendación

Al margen de nuestras ocupaciones cotidianas, es de suma importancia que invirtamos en tener compañía. Esto es algo que debemos tener en cuenta, cuando empieza a aparecer el malestar. El desasosiego puede ser una buena oportunidad para reflexionar sobre tus relaciones. ¿Qué significan para ti? ¿De qué manera son importantes? ¿A quién consideras más allegado? ¿Quién te parece más distante? Pasa tiempo con las personas. Sé sociable. Implícate en su vida. Preocúpate por alguien. Invita a alguien a tomar un té y a charlar un rato. Demuestra interés en esa persona, y esta te corresponderá del mismo modo.

Dosificación

Reserva un tiempo para hacer reuniones semanales cuando pases por un mal momento. Al menos una vez a la semana; si puedes, más. Si para ti salir a tomar un café o un té es complicado, invita a alguien a tu casa. Llama a tu familia. Conecta con tus amistades. Ábrete y pasa tiempo con otras personas.

Consideraciones y posibles efectos secundarios

Es evidente que esto puede ser engañoso, especialmente si tienes la convicción de que no encajas en ninguna parte o que estás atrapado en tu soledad. Para esta receta tendrás que recurrir a la ayuda de la *bondad* y de la *paciencia*. Si te sientes incómodo o inseguro en los actos sociales, aceptar el compromiso de una relación o iniciar otras nuevas puede ser muy difícil. Si este es tu caso, prueba a bajar el listón. Ve paso a paso, en vez de darte por vencido por no poder estar a la altura de unas expectativas demasiado altas. Por ejemplo, en lugar de intentar arreglar la difícil relación que siempre has tenido con tu padre, puedes empezar por una breve conversación. O si lo único que deseas es encontrar una pareja y casarte, puedes empezar por tomar una taza de té con un compañero o compañera de trabajo. Invierte en los demás, y ellos invertirán en ti.

Receta para el bienestar 4

Naturaleza

Razonamiento

La naturaleza es buena para nosotros. Los estímulos sensoriales que recibimos en los entornos naturales son menos intensos que en las ciudades, y estar cerca de elementos como el agua, la tierra, la vegetación y el aire influye positivamente en nuestro estado mental. Las teorías biofílica y de la restauración de la atención muestran ambas que nos va mejor, rendimos más y somos más felices en general cuando estamos en contacto con la naturaleza e interactuamos con ella. Sentir el tiempo, gozar de las vistas y estar en contacto con otros seres vivos ha demostrado tener efectos positivos sobre nuestra salud mental. Las investigaciones demuestran que la naturaleza tiene efectos positivos sobre la salud mental, los estados relacionados con el estrés y los temas de atención y concentración, pues favorece la tranquilidad y la paz interior y aumenta la concentración. Además de las ventajas del mero hecho de tomar un poco de aire fresco y de mover el cuerpo, parece ser que existen muchos otros beneficios para salir al aire libre, y entrar en contacto con la naturaleza se puede considerar una actividad restauradora y saludable. Además, es gratis y sostenible.

Recomendación

Sal a pasear por la playa o por el césped. Ve al parque. Camina por la montaña o nada en aguas frescas. Observa los pájaros volando entre los árboles o contempla el horizonte desde puntos donde haya vistas panorámicas. Observa lo ocupadas que están las hormigas o arregla tu jardín. Mira los árboles y las hojas meciéndose con el viento. Contempla el cielo. Estar en contacto con la naturaleza induce a la paz y a la calma. Lo más interesante es que estos efectos no se producen solo estando físicamente en contacto con ella, sino que mirar fotos o cuadros o escuchar sonidos naturales también tiene un efecto positivo sobre la salud.

Dosificación

Dedica un mínimo de quince a treinta minutos diarios a conectar con la naturaleza. Puede ser un contacto directo, interacción, percepción o sonido. La probabilidad de excederte es muy baja. La naturaleza se puede disfrutar en compañía. Te recomiendo un aumento de la dosis cuando estés abrumado, tengas la mente inquieta o estés desconectado emocionalmente.

Consideraciones y posibles efectos secundarios

Estar en contacto con la naturaleza no provoca muchos efectos secundarios. Si tienes alergias, recuerda llevar tus antihistamínicos. Ve preparado para el clima y lleva ropa adecuada. No te expongas a climas extremos yendo solo o sin el equipo apropiado. Respeta las fuerzas de la naturaleza e interactúa con ella con delicadeza.

Receta para el bienestar 5

Pausa

Razonamiento

Una pausa potente es sacar tiempo libre intencionadamente de tu rutina diaria. Haces algo para tranquilizarte y con ello estimulas la activación parasimpática del sistema nervioso. Pulsas el botón de «pausa» de tu organismo. Para una vida sana y equilibrada, es imprescindible hacer pausas potentes. Hacer pausas intencionadas y vivir despacio significa que eliges una buena vida. Esto es especialmente importante en estos tiempos modernos, en los que estamos siempre ocupados, apresurándonos para acabar una cosa y empezar otra, y la mayoría de lo que hacemos nos provoca estrés. Sabemos que estimular la *respuesta de relajación* beneficia y favorece nuestra salud mental y emocional. Hacer una *pausa* es dejar que la mente se consolide, ingerir y digerir impresiones, consideraciones y experiencias. La creatividad puede venir a visitarnos en este espacio, a la vez que hacemos sitio para albergar lo desconocido. En esta receta para el bienestar, te sugiero que revises ejercicios respiratorios, como las diversas técnicas de *pranayama* u otros, que estimulen la tonificación vagal. Muchos estudios confirman los efectos positivos de la respiración profunda consciente. Observarás que, a los pocos minutos de práctica, el sistema nervioso empieza a responder, concretamente cuando haces hincapié en las espiraciones largas.

Recomendación

Las pausas pueden ser cualquier cosa que te invite a salir de tu mente reactiva o del piloto automático. Puedes concentrarte en prácticas informales, como tumbarte en una hamaca, dar un paseo, escuchar música, bailar o cocinar, cualquier actividad que puedas realizar con *mindfulness* y atención. Elige una actividad que realices *fuera de tu esterilla de yoga* y que te invite a la tranquilidad y no te incite ambición alguna. Ahora añade e incluye una práctica formal aquí: elige cualquier ejercicio respiratorio estructural, pues suelen ser muy eficientes para poner el cuerpo en pausa. Busca ejercicios respiratorios que alarguen la espiración.

Dosificación

Te recomiendo un mínimo de treinta minutos al día, para hacer una pausa potente. La finalidad es que alcances un estado de paz mental, a través de la contemplación, y que no te quedes atrapado en los pensamientos obsesivos. Procura descansar un poco al mediodía o concluir la jornada escribiendo en tu diario (escritura espontánea). También puedes ir a dar un paseo corto por la mañana y por la tarde. Para el ejercicio respiratorio dedica de diez a quince minutos por la mañana y por la noche.

Consideraciones y posibles efectos secundarios

Si haces pausas en etapas de conflictos, seguramente conectarás con tu agitación interior. Esto puede desencadenar la resistencia y, posiblemente, una conducta que no beneficia a tu proceso de sanación. Si el malestar aumenta y se intensifica, podría llegar a manifestarse como una enfermedad o un trastorno. Tal vez la función de tus síntomas sea distraerte para que no sientas el sufrimiento o las emociones difíciles. En tal caso, la pausa puede provocarte más malestar y sufrimiento que suponer una ayuda; por consiguiente, sería conveniente que fueras sensato y buscaras a alguien que te guíe para hacerla. Por este motivo, si tu ansiedad es tan alta que te afecta en tus tareas diarias y se manifiesta como una enfermedad o trastorno, haz la pausa con ayuda externa, como parte de una intervención médica o plan de tratamiento más estructurados. La regla de oro que debes tener en cuenta es: cuanto más intensos sean los síntomas, menos tolerarás las pausas. Así es, sobre todo cuando estás solo. Si la intensidad del malestar es alta, es mejor que hagas la pausa *en compañía*.

Receta para el bienestar 6

Perspectiva

Razonamiento

Tener perspectiva se refiere a *qué es lo que piensas respecto* a algo, a alguien o a ti mismo. Esto incluye la atención, la concentración y el entendimiento eficaces, y todo el proceso de buscar la salida de la estrecha visión de túnel, típica de los estados en los que hay conflictos internos. Puedes incentivarte a descubrir nuevas perspectivas de diversas formas: solo, en silencio, o en compañía, a través de la conversación. Encontrar la perspectiva implica tomarte tu tiempo para indagar sobre ti mismo y sobre tu relación con el mundo. Esto no se hace con una actitud negativa ni con exceso de reflexión, sino con curiosidad y con el deseo de ampliar tu visión. Indagar implica el deseo de aprender. La finalidad es que expandas tu forma de ver las cosas, que te distancies de tu visión, en lugar de acercarte más. La contemplación es una hermosa forma de consolidar información y emociones en nuestro sistema. No podemos reflexionar a fondo sobre cada una de las situaciones difíciles que atravesamos, y la contemplación nos ayuda a retroceder deliberadamente y a explorar la experiencia del ser, aunque solo sea por un momento. No esperes que tu mente esté tranquila. Pero tampoco intentes detener tus pensamientos. Es probable que, de vez en cuando, tengas alguna revelación, como si fueran gotitas de néctar. Llegarás a entenderte mejor a ti mismo y tu papel en este mundo.

Recomendación

En la *psicoterapia* podemos encontrar varias formas obvias de adquirir perspectiva. Otra opción es aprender a hallar perspectiva a través de prácticas formales (sobre la esterilla de yoga), como la *meditación*. Cualquier actividad que nos aclare nuestra situación o forma de pensar es recomendable.

Dosificación

En los malos momentos te hará bien realizar actividades e interactuar con personas que te ayuden a salir de la visión de túnel en la que estás atrapado. Al principio, un par de veces a la semana será suficiente. Si baja la intensidad emocional, puedes realizarlas con menos frecuencia, si son terapéuticas, o con más, si son meditativas.

Consideraciones y posibles efectos secundarios

Si padeces un brote de depresión grave o tienes síntomas muy fuertes por la razón que sea, no es recomendable la meditación en solitario, sin la ayuda de un guía externo. En tales casos, no te beneficia quedarte a solas con tu conversación mental negativa. Puesto que en estos estados, la meditación rara vez alivia los síntomas, es preferible utilizar otros medios para adquirir perspectiva. Es mejor recurrir a formas más activas e interactivas; hablar con alguien siempre es una buena idea. Si el pensamiento negativo te ha atrapado en una espiral invertida, indudablemente es una buena idea.

Receta para el bienestar 7

Poesía en movimiento

Razonamiento

La poesía en movimiento puede referirse a muchas cosas. Busca una práctica suave que coordine el movimiento de la respiración con el corporal. El movimiento de las articulaciones, el fortalecimiento y estiramiento de los músculos, y la expansión del tejido conjuntivo deben ser coordinados y estar combinados con la fluidez consciente de la respiración. La práctica del yoga consciente engloba todos estos elementos y es recomendable. En la última década, el volumen de las investigaciones sobre el yoga ha experimentado un gran aumento, y ahora, todos sabemos que es beneficioso no solo para la salud física, sino también para la mental. El yoga, practicado a largo plazo, puede propiciar cambios en nuestro estilo de vida, que mejorarán nuestro estado de salud y nuestro bienestar general. Entre los efectos inmediatos a corto plazo, que son inducidos por la respiración profunda (conocida como respiración yóguica), se incluyen la tonificación del sistema nervioso y la pausa temporal de la activación simpática hiperreactiva e inútil. Muchas dolencias, que se deben a la activación excesiva del sistema simpático, pueden mejorar con la poesía en movimiento, que tal vez resulte más sencilla que sentarse a meditar o hacer ejercicios respiratorios. Con el tiempo, el yoga puede reforzar las habilidades de regulación, mejorar la concentración y aumentar la perspectiva meta-cognitiva. Según el investigador y escritor Bessel van der Kolk, un descubrimiento importante es que el yoga sensible al trauma[*] permite a los practicantes recobrar cierto sentido de control sobre su cuerpo. Las técnicas experienciales y ascendentes, como el yoga consciente, ayudan a tranquilizarse a los supervivientes de los traumas. Los efectos a largo plazo influyen en la neuroplasticidad del cerebro y propician un cambio duradero, a la vez que, justo después de la práctica, se

---

[*] Es un tipo de yoga creado en el Trauma Center Trauma-Sensitive Yoga de Massachussets, un centro de investigación y aplicación de programas y métodos para tratar a personas que han padecido grandes traumas (Nota de la T.).

empiezan a notar los efectos en la química cerebral. Esto contribuye a que los practicantes se sientan bien, alegres, felices o, simplemente, más gentiles y más sensibles.

Recomendación

Cualquier práctica en movimiento que nos invite a fluir y que incremente nuestra conciencia corporal reforzando la sensación sentida puede influir positivamente en nuestro bienestar emocional. Las actividades con movimientos lentos y fluidos, como según qué tipos de bailes y el taichi, funcionan bien. También puedes probar yogas suaves, como el yoga consciente o la yogaterapia.

Dosificación

Practica a diario cualquier poesía en movimiento que te guste. Dedícale de quince a treinta minutos al día, especialmente cuando tengas ansiedad y, probablemente, no sea lo que más te apetece hacer. Ve a clase de todos modos, reserva una sesión individual, ponte en contacto con un terapeuta del yoga o haz cualquier otro tipo de terapia dinámica.

Consideraciones y posibles efectos secundarios

Ten en cuenta las posibles contraindicaciones. A pesar de sus múltiples beneficios para la salud, practicar yoga no siempre es útil, y es importante que sepas qué estilo de yoga o prácticas pueden ayudarte en tus circunstancias o para tus dolencias. Sabemos que el yoga alivia inmediatamente los síntomas de la depresión después de la práctica, debido a los cambios químicos que ocasiona en el cerebro. Sin embargo, técnicas más silenciosas como el yin yoga, con muchas pausas en silencio, puede ser muy duro, si los síntomas te provocan mucha presión o estás muy deprimido. En tales casos, es recomendable practicar tipos de yoga más dinámicos. Asimismo, si padeces trastornos alimentarios y problemas para aceptar tu cuerpo, practicar yoga delante de espejos, con poca ropa, estaría contraindicado. En esta situación, necesitarías un tratamiento más suave y terapéutico. Si te encuentras en la situación de que has de elegir un tipo de yoga cuando estás atravesando una etapa difícil, asegúrate de que el profesor tenga una sólida experiencia en la práctica y en los efectos terapéuticos para la salud mental y emocional.

Receta para el bienestar 8

Juego

Razonamiento

René Proyer (2017) definió el juego de este modo: «El juego es una variable de diferencias individuales, que permite a las personas enmarcar o reenmarcar las situaciones cotidianas, de manera tal que las experimentan como entretenidas, intelectualmente estimulantes o interesantes a nivel personal». Los estudios concluyen que jugar favorece múltiples aspectos del bienestar y tiene un efecto sobre el estado de satisfacción general en la vida. Además, existe una correlación entre ser juguetón y la salud. La cualidad de ser juguetón está íntimamente relacionada con la extroversión y la estabilidad emocional, y se ha demostrado su relación positiva con la capacidad de afrontar circunstancias difíciles. Esta característica nos otorga perspectiva. Las investigaciones también concluyen que la creatividad es un instrumento eficaz para reforzar el bienestar emocional. En un estudio, realizado por Conner y sus colaboradores, en 2016, se investigó la conexión entre la creatividad y la función emocional, y se observó que realizar una actividad cada día con espíritu lúdico refuerza el bienestar emocional. Esta espiral ascendente de positividad es muy prometedora, y demuestra que podemos participar activamente en mejorar nuestra salud emocional con el transcurso del tiempo. De hecho, en otro estudio también se abordó este tema y se descubrió que la implicación en actividades creativas reduce la ansiedad y el miedo a la muerte (Perach y Wisman, 2016). Que estas investigaciones te animen a incluir el juego en tu vida con regularidad, especialmente en los momentos difíciles.

Recomendación

Esta receta recomienda dedicar un tiempo al juego regularmente. Elige una actividad que te guste, como escuchar música, bailar, escalar, cocinar para los amigos o cualquier otra cosa creativa que encienda tu chispa. Los niños son juguetones a través de su cuerpo físico, exploran e interactúan activamente con su entorno, a la vez que se divierten mucho haciéndolo. Esto es, sin duda alguna, bueno para la salud y puede ser una fuente de inspiración. Es puro *mindfulness*.

Dosificación

Al principio, busca tiempo para divertirte, al menos, una o dos veces a la semana. Procura introducir, poco a poco, más diversión en tu vida cotidiana. Diez minutos puede ser suficiente. La parte más importante es que seas constante y lo hagas con frecuencia; aprende a invitar momentos de diversión en tus actividades diarias.

Consideraciones y posibles efectos secundarios

Cuando atraviesas una situación difícil, muy en especial si estás bajo de energía, estresado o triste, te va a costar más realizar actividades divertidas o creativas. En esos momentos, es probable que estemos sumidos en una espiral invertida que nos aleje de las actividades que más nos ayudarían. Por esta razón, es muy útil planificar la *actividad lúdica* con otra persona. Esto puede motivarte y ayudarte a salir de esa espiral. Has de incluir la diversión en tu agenda y ponerla en práctica, si realmente quieres ver algún cambio.

Epílogo

La idea de escribir este libro fue madurando durante años. Desde el día en que me puse a anotar los pasajes, pasando por el que comencé a escribirlo, hasta el que lo terminé. Durante la introducción, en cada uno de los capítulos, hasta llegar a este epílogo. Era un libro que se tenía que escribir, como me dijo una vez un buen amigo: «Lo que escribes viene a ti, y no puedes evitar escribirlo. Cuando las palabras se reflejan en las páginas, cobran vida por sí solas». He podido apreciar el proceso de escribir, explorar y expresar de qué manera el *camino de la práctica* hacia la chispa interior se relaciona con la salud mental y el bienestar emocional.

La naturaleza es una hermosa metáfora de nuestra experiencia interior. Yo crecí rodeada de naturaleza y su proximidad me influyó de muchas formas. Su serenidad, incluso en las terribles tormentas, la sensación de tranquilidad en plena turbulencia. Era una oportunidad para la contemplación y para experimentar momentos espontáneos de completa absorción. El ir y venir. La intensidad del frío, la oscuridad, la luz y el calor. La naturaleza que nos rodea como metáfora de la naturaleza que encarnamos es poderosa. Por una parte, nuestra naturaleza innata de serenidad y tranquilidad, nuestra chispa interior, y por otra, la dureza, la fuerza y la evolución constante. Somos naturaleza.

Algo que sabemos a ciencia cierta con la naturaleza es que siempre cambia. De estación en estación. Y nos adaptamos. Es innegable que en nuestra vida siempre habrá cambios, transiciones o eventos, retos que van y vienen, momentos felices. El cambio es inevitable. La forma en que gestionemos el cambio y nuestra relación con nosotros mismos es lo que determinará nuestro crecimiento personal. Hemos de ser capaces de tolerar los problemas y de conseguir encontrar la tranquilidad en la agitación. *Avanzar desde la oscuridad interior a la chispa interior, y la forma en que salimos del conflicto emocional,* nos garantiza que la serenidad siempre está presente, incluso en la ansiedad.

Contemplar las montañas, desde la colina donde está nuestra casa, me recuerda las conversaciones con mi abuela sobre cómo sería vivir allí arriba, con esas increíbles vistas. Su casa estaba situada al pie de la colina, y la veíamos desde abajo. Una vez me dijo que conocía a una pareja que tenía una casa allí en lo alto. La casa donde estoy ahora sentada, donde vivimos, es la misma a la que ella se refería. Es curioso cómo funciona la vida. Todas las cosas por las que pasamos en nuestra existencia, todo lo que nos sucede, nunca deja de sorprenderme, especialmente cuando reflexiono sobre ello, cuando las anécdotas se transforman en historias significativas, en peldaños y en sincronicidades. Al mirar hacia atrás, lo ordinario y lo mundano pueden convertirse en una experiencia momentánea mágica.

Mi abuela me dijo, poco antes de fallecer, que creía en la psicología. Había escuchado a alguien que hablaba por la radio y sintonizó con lo que dijo. Y así es. Desde los comienzos de la salud mental y la psicología, como ciencias un tanto ambiguas, pasando por los múltiples estigmas sobre las enfermedades mentales, hasta el avance de la posibilidad de que estén incluidas en el programa educativo escolar, cuando empieza la enseñanza básica. Las prácticas formales del yoga y de la meditación, con sus técnicas del *mindfulness* y de la compasión, tienden un puente entre la psicología y la vida cotidiana, no solo gracias a que amplían nuestra comprensión y nuestra vivencia a través de la experiencia, sino a las herramientas concretas que podemos aplicar para encontrar la tranquilidad en la agitación.

Espero que este libro te haya parecido informativo y útil. Y que hayas encontrado momentos para practicar y reflexionar. Y lo más importante, espero que te veas con otros ojos, con más compasión y delicadeza.

Y para concluir, te dejo con la breve práctica «Un dulce encuentro contigo mismo». Utilízala cuanto gustes, siempre que la necesites, para volver a conectar con tu chispa interior.

INCENTIVO PARA ACTUAR
Un dulce encuentro contigo mismo

Meditación

Aquí está. Esta es la meditación que necesitas para evolucionar en tu relación contigo mismo. Para que desarrolles una relación más amable y delicada en los momentos de dificultad.

1. **SIÉNTATE:** busca un lugar cómodo para sentarte, donde nadie te moleste durante unos minutos. Cierra los ojos si lo prefieres o, simplemente, dirige tu mirada hacia el suelo. Haz algunas respiraciones profundas.

2. **CONECTA CON TU CUERPO:** te invito a que tomes conciencia de tu cuerpo. Siente el contacto con el suelo o con la superficie sobre la que estés sentado. Observa un momento cómo te sientes aquí, en este preciso instante. ¿Puedes sentir todo tu cuerpo, de arriba abajo, de costado a costado, de dentro hacia fuera?

3. **OBSERVA:** ¿puedes observar qué vive en ti en estos momentos? ¿Qué estado mental? ¿Qué tipo de pensamientos o historias? ¿Tienen alguna conexión tus sentimientos con esas historias o pensamientos? ¿Cómo los sientes en tu cuerpo? Reconoce su presencia. Dales espacio.

4. **«HOLA, MI AMOR»:** mientras observas lo que hay, puedes decirte en silencio y decir a todo lo que surja y desaparezca: «¡Ah, hola, mi amor! ¿Así es como te sientes ahora? Y esto, lo sientes así. Y aquello, lo sientes de este otro modo». Acepta y observa cualquier sensación corporal, pensamiento o emoción que

surja y desaparezca. Recíbelo y salúdalo mientras cabalgas sobre la ola.

5. **REGRESA:** después de haber estado sentado un rato, vuelve a llevar tu atención a tu cuerpo. Simplemente, obsérvalo, sentado. Tal vez puedas sentirlo en su totalidad, de arriba abajo, de costado a costado, de dentro hacia fuera.

6. **RESPIRA:** haz un par de respiraciones profundas y abre los ojos cuando estés listo. Espera unos momentos antes de deshacer tu postura y seguir con tus tareas.

Fuentes de inspiración

Allione, Tsultrim (2018). *Bevrijd je demonen: Het oplossen van innerlijke conflicten*. Utrecht, Kosmos, 5e druk.

Claxton, Guy (2016). *Inteligencia corporal: Por qué tu mente necesita el cuerpo mucho más de lo que piensa*. Plataforma Editorial.

Coleman, Daniel (2007). *Emotionele intelligentie: Emoties als sleutel tot succes*. Ámsterdam, Business Contact.

Csíkszentmihályi, Mihaly (2008). *Fluir (Flow): Una psicología de la felicidad*. DEBOLSILLO.

Cushman, Anne (2014). *Moving into Meditation: A 12-Week Mindfulness Program for Yoga Practitioners*. Shambhala.

Dufourmantelle, Anne (2018). *Power of Gentleness: Meditations on the Risk of Living*. Fordham University Press.

Esfahani Smith, Emily (2017). *El arte de cultivar una vida con sentido: Los cuatro pilares para una existencia rica y satisfactoria*. Urano.

Fabjanski, M. & E. Brymer (2017). «Enhancing Health and Wellbeing through Immersion in Nature: A Conceptual Perspective Combining the Stoic and Buddhist Traditions». *Frontiers of Psychology*.

Gaarder, Jostein (2010). *El mundo de Sofía*. Siruela.

Gilham, Jane E. (2000). *The Science of Optimism and Hope: Research Essays in Honor of Martin E.P. Seligman*. Templeton Foundation Pr.

Kabat-Zinn, Jon (2008). *Llamando a tu propia puerta: 108 enseñanzas sobre la atención plena*. Kairós.

Kolk, Bessel van der (2016). *Traumasporen: Het herstel van lichaam, brein en geest na overweldigende ervaringen*. Eeserveen, Uitgeverij Mens!

Kornfield, Jack (2010). *La sabiduría del corazón*. La liebre de marzo.

Porges, Stephen (2017) *La teoría polivagal: Fundamentos neuro-*

fisiológicos de las emociones, el apego, la comunicación y la autorregulación. Pléyades.

Porges, Stephen W. (2019). *De polyvagaaltheorie en de transformerende kracht van je veilig voelen: Traumabehandeling, sociale betrokkenheid en gehechtheid*. Eeserveen, Uitgeverij Mens!

Salzberg, Sharon (2019) *Amor verdadero: El arte de la atención y la compasión*. Editorial Océano de México.

Siegel, Daniel (2007). *The Mindful Brain: Reflection and Attunement in the Cultivation of Well-Being*. W. W. Norton & Company.

Siegel, Ronald (2012) *La solución Mindfulness: Prácticas cotidianas para problemas cotidianos*. Desclee de Brouwer.

Trungpa, Chögyam (2000). *De mythe van vrijheid en het pad van meditatie*. Utrecht, Servire.

Williams, Mark, John Teasdale, Zindel Segal y Jon Kabat-Zinn (2010) *Vencer la depresión: Descubre el poder de las técnicas del mindfulness*. Paidós.

Yalom, Irwin D. (2019). *Nietzsches tranen: Roman*. Ámsterdam, Balans.

Yang, Claire, Courtney Boen, Karen Gerken, Ting Li, Kristen Schorpp y Kathleen Mullan Harris (2016). «Social relationships and physiological determinants of longevity across the human life span». *Journal PNAS*.

Sobre la autora

Kristin Vikjord vive en Bodø, Noruega, con su esposo y sus dos hijos. Trabaja como psicóloga clínica y enseña a los profesionales de la salud a aplicar el yoga y el *mindfulness* para complementar la terapia tradicional. Como cofundadora de Delight Yoga, de la Convención de Yoga del Ártico y del congreso Inner Peace de Ámsterdam y Nueva York, es la anfitriona de un buen número de oradores de todo el mundo. Cuando no está viajando, ella y su familia reparten su tiempo entre la naturaleza noruega y la vida urbana en Ámsterdam.